社会科は「不確実性」で活性化する

未来を開くコミュニケーション型授業の提案

吉永　潤

東信堂

はじめに

　本書は、社会科[1]の授業に「不確実性」を導入することが、授業を活性化し、未来の民主社会を担う学習者の育成に資することを主張したい。

　通常、「不確実性」といった「不〜」という言葉は、望ましい何かを欠いた状態、したがって何らかの望ましくない状態を意味するものである。しかし、あえて本書では、不確実性に、社会科の授業における積極的な意義や役割を見出したいと考える。
　社会科の授業に不確実性を導入する、とは、たとえば、授業で次のような問いを立てて考えさせることである。「何が起こったか」だけではなく「何が起こりえたか」、「誰が何をしたか」だけではなく「もし自分が歴史、社会のその状況における当事者だったらどうするか」などである。
　これらの問いを立てるとは、端的に言えば、歴史や社会の学習に〈イフ〉の問い、〈イフ〉の想定を導入することであると言ってよい。
　上の例のうち、「何が起こりえたか」がなぜ〈イフ〉の問いかと言えば、それは、次のような問いとして言い直せるからである。すなわち、「もし、事実以外のことが起こったとしたら、それはどのようなものであっただろうか」。
　このような、社会科授業に〈イフ〉を導入するという発想に対して、多くの社会科担当教師は、たとえば次のように反論したくなるのではないだろうか。
　「社会科は、歴史、社会において現に起こったこと、つまり事実を扱う教科である。起こりえたかも知れない〈イフ〉というものは、文学教育の主題ではあるかもしれないが、社会科教育の主題ではない。社会科の役割は、生徒に、歴史、社会の事実と出会わせ、その原因を探求させ、またその事実を適切に評価させることによって、歴史、社会についての

確実な知識・理解と適確な価値判断力を形成し、それを通じて、未来の民主社会を担う次世代を育成することである」。

　上のような、想定される反論の論点の一つは、〈イフ〉の問いを立てることで、学習者が、歴史・社会の事実から遊離した空想に陥るのではないか、という懸念であろう。
　しかし、これに対しては、次のように答えることができると思われる。まず、「何が起こりえたか」については、現実性の高い〈イフ〉とそうでない〈イフ〉とがあり、前者に絞って考えさせることが可能である。また、「自分が当事者であったらどうするか」を考えさせるに際しても、やはり、歴史・社会の事実を踏まえた現実性の高い状況設定を行うことが可能である。つまり、授業が事実から遊離するのではないか、という懸念については、技術的に対処可能と考えられる。
　想定される反論の、より本質的な論点は、そもそも〈イフ〉などというものをわざわざ導入することに何の教育的意味があるのか、という疑問ではないかと考えられる。
　現状において社会科は、事実を教え、その原因を理解させるだけでも時間的にぎりぎりであることは、確かである。しかし、そのような教師の努力にもかかわらず、筆者が大学で担当する社会科教育法のレポートに、次のように書いてくる学生がいる。「社会科は、結局、教科書を丸暗記すればよいのだから、何でわざわざ先生がいて授業をするのかわからなかった」。
　このようなレポートにガックリきたのは、筆者自身であった。筆者なりに、歴史や社会の事実についての教材研究方法や発問構成方法を論じた後のレポートだったからである。筆者が、社会科授業は、何か肝心なことを欠いているのではないか、と思い始める一つのきっかけであった。
　先ほど、社会科授業に〈イフ〉を導入することに対して想定した反論の主旨は、〈社会科とは、歴史や社会の事実に関する知識・理解と適確な価値判断力を形成し、「それを通じて」、未来の民主社会を担う次世代

を育成する教科である〉、というものである。しかし、過去と現在についての事実を知ることが、「それを通じて」、未来を担っていくことに、はたして直結するのだろうか。つまり、過去・現在に「あった」ないし「ある」ものについて知ることが、「それを通じて」、今のところ「ない」ものを未来においてつくりだしていくことに直結するだろうか。この「それを通じて」には、何か重大な飛躍があるのではないだろうか。

　社会科の授業に不確実性を導入し、「あった」という事実に「ありえた」可能的事実の幅の広がりを加え、また、歴史・社会上の人物が「こうした」という事実に、「私ならこうする」という判断の広がりを加えようという本書の提案は、上に述べた、「それを通じて」のギャップを、何とかして埋めていくことを意図するものである。もしこのギャップが埋まらないとしても、学習者に、このギャップを乗り越えさせていくことを意図するものである。

　「あった」事実には正解がある。一方、「ありえた」可能的事実については、何が事実で「あった」かについての正誤というのと同じ意味での正誤はない。しかし、その「ありえた」可能性をめぐって、その実現の蓋然性を議論したり、それが実現しなかった理由を考えたり、実際に起こった事実と比較してどちらが望ましかったかを判断したり、もしそれが実現していたら後の歴史にどのような変化をもたらしたかを議論したりすることが可能である。

　同様に、ある歴史、社会上の人物が何をしたかには正解がある。一方、「自分ならどうするか」の判断には、これと同じ意味での正誤はない。しかし、その判断については、その判断の妥当性や適切性をめぐって、学習者同士が議論することが可能である。すなわち、そこで自分たちはどうすべきなのか、それはなぜなのかを、学習者は議論し考えることが可能である。

　このように、歴史、社会の学習に〈イフ〉を導入することは、授業において、学習者のコミュニケーションを、いわば正誤の呪縛から解き放って活性化すると考えられる。そのコミュニケーションにおいて、学習者

は、正解がどうであるかではなく、自分はどう考えるか、どう判断するか、それはなぜかを述べざるを得ない。学習者は、自分の考えや判断に基づいて発言し、コミュニケーションせざるを得ない。

その結果、歴史、社会の〈イフ〉をめぐるコミュニケーションには、コミュニケーションの輪の数だけ結論の数がありうる。歴史、社会のある時点・ある状況において自分ならばどうするべきかをめぐるコミュニケーションは、コミュニケーションの輪の数だけ、その時点からみた未来についての構想の広がりがありうる。

このように、不確実性は、授業における学習者のコミュニケーションを活性化し、それを通じて、学習者は、いくつもの可能な未来を切り開いていくと考えられる。——この直前の一文における「それを通じて」には、飛躍はない。あるいは、学習者自身が、この飛躍を行うのである。

社会科の授業に不確実性、すなわち〈イフ〉の問いや想定を導入することのメリットは、以上のように、授業における学習者のコミュニケーションを「事実」に関する「正誤」の制約から自由にするというだけにとどまらない。

学習者がいくら自由にコミュニケーションを展開しても、それは、あくまで現実社会とは区別された、教室における〈イフ〉の問いの空間や仮構的現実の中においてである。だから、学習者は、そこで「失敗」することができる。それができるからこそ、自由にコミュニケーションすることもできる。失敗できないところに自由はないからである。

したがって、授業に不確実性を導入し〈イフ〉世界を仮構することは、一方における「正誤」に関する「失敗」、他方における現実社会での「失敗」の双方から学習者を保護し、コミュニケーションの自由な試行を通じて学ぶ空間を確保するものである、と表現することもできるであろう。このことが、とりわけ、未来の「民主」社会の担い手を育成することにとってもつ意味は、大きいと考える。民主主義とは、社会の構成者自身の自由なコミュニケーションと試行錯誤によって未来を切り開いていこうと

する政治制度だからである。

　未来の民主社会を担い、未来をつくりだす次世代を育成する教科である社会科には、確実性についての学びとともに、不確実性の中での学びをつくりだすことが、ぜひ必要なのである。

本書の内容構成

　本書は5章で構成している。各章の内容について、ここで簡単な紹介を行っておきたい。

　第1章「社会科授業における『一本道』型授業の問題」は、従来の社会科授業に広範に見られる原因→結果ないし問題→解決という「一本道」的な授業内容構成が、学習を受動化する原因であることを指摘し、この問題の克服を試みた先行実践事例の分析を踏まえて、社会科学習の活性化のためには「不確実性」を導入した授業構成が必要であることを論じる。

　第2章「社会科授業にリスクテーキングなコミュニケーション体験を」は、N. ルーマンのコミュニケーション論とリスク論に基づいて、社会科教育において学習者が、不確実な問題に関して主張を行うというリスクテーキングなコミュニケーションを実践することによって、社会的あるいは政治的実践者としての自己言及的な意識、すなわち当事者意識を形成しうることを論じる。

　第3章「勝敗を競うディベートの社会科教育における意義」は、C. ムフのラディカル・デモクラシー論に基づいて、第2章で述べた、社会科授業におけるリスクテーキングなコミュニケーション体験の社会科民主主義教育における意義を、特にディベートに絞って論じる。

　第4章「国際政治と外交にかかわる判断と意思決定の主体を育成する」は、不確実性が高く、高度にリスクテーキングなコミュニケーションを必要とする場として国際紛争を処理する外交交渉を取り上げ、社会科授業において、国家間、国際主体間の紛争をめぐる学習者の交渉コミュニ

ケーションの体験と、判断・意思決定の体験を組織していく意義を論じる。

　第5章「外交交渉ゲームが開く『いくつもの戦後日米関係』」は、第4章で述べた、国際紛争を処理する外交交渉を生徒に仮想体験させるための、ゲーム開発の一事例を紹介し、高校でのその実践を踏まえた、ゲームの教育効果の考察を行う。

注
　1　本書では、高校の地理歴史科、公民科も含めて、社会科と総称する。

目次／社会科は「不確実性」で活性化する―未来を開くコミュニケーション型授業の提案―

はじめに……………………………………………………………… i

第1章　社会科における「一本道」型授業の問題 ………… 3
第1節　必然性の言語ゲーム　3
　　　結婚式のスピーチと社会科の授業　3
　　　クレオパトラの鼻と大阪都構想　5
　　　主体性は不確実性の中でしか育たない　7
第2節　いくつもの「キューバ危機」　9
　　　「それを相手がどう解釈するか考えたか？」　9
　　　「合理的意思決定モデル」と「必然史観」の限界　10
　　　事実／虚構の二元論を「脱構築」する必要　12
　　　「一本道」閉塞の打破こそ社会科授業研究の課題　13
第3節　「一本道」型授業の克服をめざした社会科実践　14
　　　――授業の「複線化」
　　　片上宗二「授業のオープンエンド化」　14
　　　吉川幸男「差異の思考」　15
　　　小原友行「意思決定」学習　18
　　　児玉康弘「解釈批判学習」「批判的解釈学習」　24
　　　藤原孝章「シミュレーション教材『ひょうたん島問題』」　29
第4節　コミュニケーションの不確実性を体験させる必要　35
　　　「いくつもの過去」認識が「いくつもの未来」認識を開く　35
　　　社会認識者から社会的実践者への飛躍　35
　　　コミュニケーションで変化する未来　36
　　　〈イフ〉を導入する2つの授業構成原則　37
　　　「存在する不確実性」と「実践する不確実性」　38
　　　現実社会への接近　40
　　注　42

第2章　社会科授業にリスクテーキングな　　　コミュニケーション体験を………………………47

第1節　社会認識の育成と社会的実践力の育成　47
　　正解のない問いに答えを見出す力　47
　　社会への参加とはコミュニケーションへの参加である　48

第2節　ルーマンのコミュニケーション論　50
　　やってみなければわからない　50
　　コミュニケーションの二重の不確実性　51
　　不確実性ゆえのコミュニケーション　54
　　リスクを意欲に変換する　55

第3節　ルーマンのリスク論　56
　　「存在するリスク」と「とるリスク」　56
　　自己言及的コミュニケーション　58
　　社会事象に関するコミュニケーションとは政治的実践である　60
　　中学生の議論と国連の議論　62

第4節　リスクテーキングなコミュニケーションの実践者育成　　　という目標意識の必要　63
　　ディベートの勝敗は動機付けにとどまるか　63
　　国際問題へのリスクテーキングを促す授業　65
　　自分たちと国際社会の間に溝を感じさせない必要　66
　　認識育成と実践者育成のバランス　69

　注　69

第3章　勝敗を競うディベートの社会科教育における意義 ……73

第1節　勝敗回避的、合意志向的な社会科ディベート学習論への疑問　73
　　ディベートへの注目と批判　73
　　「ディベート」ではなく「ディベート的な討論」を　74
　　「二者択一」ではなく「合意形成能力」を　75
　　勝敗を競うことに意義がある　76
　　民主主義観を問い直す必要　77

第2節　C.ムフのラディカル・デモクラシー論　79
　　民主政治における対立・争いの基本的重要性　79
　　合理性・道徳性の限界における営みとしての政治　81
　　政治における情熱の役割と、ヘゲモニーとしての政治権力観　82
第3節　勝敗を競うディベートの学習効果の考察　85
　　勝敗を競うことによる学びとは　85
　　「言論が現実を構成していく」という社会観の形成　86
　　民主政治の当事者意識の形成　89
　　「自己の言論によって社会を変えていくことができる」という社会的自
　　己効力感の形成　93
注　96

第4章　国際政治と外交にかかわる判断と意思決定の主体を育成する……………………………… 99

第1節　とりわけ不確実性が高い国際政治と外交の問題を
　　社会科はどう扱うか　99
　　ＥＵってどうなるの？　99
　　どんなベルサイユ条約にするかは私たち次第　101
　　デモクラシーとディプロマシーを架橋する必要　103
第2節　外交問題を取り上げた従来の社会科実践とその問題点　105
　　「日米貿易摩擦」の授業　105
　　他国は「独立変数」、自国は「従属変数」　107
　　森林の南北問題＝われわれのライフスタイルの問題か　108
　　不確実性を二分の一、四分の一に　109
　　辺境の思想　111
第3節　「戦争」と「紛争」の概念区別とその意義　113
　　不一致と対立の「放棄」？　113
　　明瞭には区別されていない「紛争」と「戦争」　114
　　紛争解決の一手段としての戦争　116
　　砂場の紛争のいろいろな解決法　118
　　相手と自分は何をめざしているのかの分析　119
　　軍事力のもつ紛争解決コミュニケーション上の機能の理解　120

相手を変化させるさまざまな方法　121
第4節　学習者に交渉コミュニケーションを体験させる意義　122
紛争は「放棄」されるべきか　122
正反対の目的を同時に追求する「交渉」　124
交渉ペアの数だけさまざまな合意　125

注　126

第5章　外交交渉ゲームが開く「いくつもの戦後日米関係」……129

第1節　外交交渉ゲーム「インディペンデンス・デイ」　129
ゲーム開発のねらい　129
第2節　ゲームの内容構成　141
配布シートについて　141
ゲームの人数構成と所要時間　141
ゲームと史実との距離　142
予想されるゲームの流れ　143
ゲーム内の体験がもちうる意義　145
第3節　いくつもの戦後日米関係の出現　146
　　──ゲーム実施の事例から
5つの交渉が同時進行　146
「えげつないぐらい要求」　147
劣勢に傾くB国　148
「朝鮮戦争」勃発　149
好条件生かし切れず　150
さまざまな交渉結果　152
「うわ、独立してる」　153
第4節　ゲーム授業の成果　155
生徒の感想とその考察　155
ゲームの教育効果　157
第5節　ディブリーフィングの課題　159
ディブリーフィングの重要性　159

ディブリーフィングの設計　160
　　　おわりに　163
　注　163

おわりに……………………………………………………165
初出一覧……………………………………………………167
事項索引……………………………………………………168
人名索引……………………………………………………167

社会科は「不確実性」で活性化する
―未来を開くコミュニケーション型授業の提案―

第1章

社会科における「一本道」型授業の問題

第1節　必然性の言語ゲーム

結婚式のスピーチと社会科の授業

　多くの人が経験することと思われるが、結婚式で新郎新婦の馴れ初めを語るスピーチでは、二人がいかに必然的に結ばれたかを語らなければならない。その上で、できれば笑いも取りたい。しかし、スピーチの際、下手なジョークで場が白けるのはまだよいとして、間違ってもやってはならないことがある。それは、二人が「そうはならなかった可能性」とか「ありえた他の事態」などというものを参加者に想起させてしまうことである！さらに言えば、スピーチ者は、二人の前途を語るに際しても、あらゆる「可能な未来」を語るわけにはいかない。すなわち、口にしてはならないある種の言葉がある。それが、このような場の厳粛なお作法であり、いわば結婚式という言語ゲームのルールである。

　社会科の授業は、このような結婚式のスピーチと、どこか似ていないだろうか。

　社会科の授業で教師は、ある歴史的、社会的出来事（たとえば明治維新）の原因や発生の経過について説明する。ある人物（たとえば坂本龍馬）を扱う場合には、その人物の直面した問題状況や、その人物が行った行為の目的・意図や手段・方法の選択などを説明する。しかし、このような説明は、実は結婚式のスピーチと同様、その出来事の発生が不可避で、その人物の行為の実行が必然的だったということを力説し、生徒に理解

と受容を求める言語ゲームになっているのではないだろうか。（しかも、いわばスピーチ原稿にあたる教科書の記述がすでにそうなっている。）

　問題なのは、授業での教師の説明が説得的であればあるほど、この言語ゲームのルールの結び目が固くなっていく、という点である。わかりやすい授業ほど、生徒において、そこで語られる出来事の発生の必然性は深く理解され印象付けられる。しかしその結果、出来事の他のありえた可能性、その人物が取りえた他の行為などといったことは、いっそう意識されなくなっていく、という逆説がある。

　生徒の方も、何年も学校に通ううちに、授業内容や教科書記述を唯一の正統な説明として受容し、そして、それをそのまま覚えて試験で吐き出すことに慣れ切ってしまっているように思われる。

　そこで、よりよい授業をめざす教師は、ある歴史、社会事象について自ら一方的に説明するだけではなく、あえて話を中断し、質問（発問）を行う。そして、生徒に「なぜ？」とか「どのようにして？」という疑問を惹起させ、考えさせ、話し合わせようとする。いわゆる一方通行授業よりも、このような授業の方が、「生徒参加の」「思考を深める」優れた授業であることは共通認識と言えるだろう。

　ところが、このようにして、教師・生徒共同で歴史、社会の「なぜ」や「どのようにして」を解明する授業ほど、結果としてはいっそう、授業で考察対象となった出来事の他のありえた可能性は意識されなくなっていくのではないだろうか。ある出来事の成立の必然性の理解が、教師の一方的な語りで「押しつけられた」場合ならむしろまだしも、生徒自身の授業への積極的参加によって「深く」理解、納得されたとき、同時にその生徒が、その出来事の成立の必然性を再検討するという思考に向かうとは、ほぼ考えられないからである。

　こうして、社会科授業では、教師と生徒は合作で、歴史や社会は必然の「一本道」をたどる[1]、という筋書きの言語ゲームを進行させることになっていると思われるのである。

　生徒は、授業内容や教科書を棒暗記するにしても、深く理解するにし

ても、生徒において歴史や社会の学習内容が「一本道」で意識されている限り、それは生徒にとって結局、受け入れるしかない対象である。違いは、後者の方が、「わかる」が「暗記する」にとって代わって、記憶作業の負荷を大幅に減らすであろう点にある。また、それは、生徒における学習内容の事後の定着の度合いも大きく左右するであろう。しかし、それ以上の違いがあるだろうか。

　歴史的出来事（たとえば鎖国、あるいは開国）の原因を、発問を通じ思考活動と話し合いを組織して深く豊かに考えさせ理解させた、としても、その「深さ」「豊かさ」はその事象の原因の説明にあるのであって、被説明項である結果（鎖国や開国）それ自体についての認識に関しては、何らの深さも幅も問い直しも生じないであろう。すなわち、「鎖国（開国）は起こらなかったかもしれない」とか「まったく異なった鎖国（開国）のやり方があったかもしれない」とか「あえて鎖国（開国）をする必要が本当にあったのか」などというように、生徒は考えないであろう。かくして、学習内容の「原因→結果」、あるいは「問題→解決」[2]の「一本道」性には基本的に変化がないのである。これは、出来事の因果関係や問題解決の過程を時系列的に扱う歴史授業に限ったことではない。同時代的な因果関係や問題解決の営みを扱う授業、つまり現代社会の事物のしくみや機能、あるいは諸問題を扱う授業についても言えることである。

クレオパトラの鼻と大阪都構想

　意外に、と言っては大変失礼なのだが、この社会科における「一本道」型授業の問題に対する教師の対処は、教授内容が多く、その結果どうしても「一方通行授業」が多くなる、とされる高校の地歴科授業で見られる。世界史や日本史の授業でひたすら歴史の時系列をたどる、つまりひたすら暗記するしかない、という状況の方が、かえって歴史の「一本道」性の問題は教師、生徒ともに切実である。

　そのような授業で、「こうで、こうで、こうだったから結果としてこうなったんだ。でもね、もしかするとこうならなかったかもしれないん

だよ」と教師が語るときには、生徒は喜ぶものである。それは何より、「もしかすると〜」と来たら、ノートをとる手を休めて教師の話に聞き入ることができるからである。この手の脱線話の古典的代表格が、艶っぽいニュアンスも漂う「クレオパトラの鼻」のエピソードであろう。試験に出た授業内容は覚えていないが、試験に出ないこの手の話はよく覚えているという人も多いはずである。しかし、このような話がかえって印象に残る理由は、その話が、息詰まる勉強時間の一服の清涼剤となったというだけではないように思われる。このような、必然性の物語からのちょっとした逸脱が、かえって、どこか人間社会の実相を照らしていると直観的に感じたからではないだろうか。

ただし、「クレオパトラ」の話ならば、生徒が眠そうなときに繰り出す世界史授業の一服の清涼剤としておいてもよいだろう。では、ごく最近の例として「大阪都構想住民投票」の事例はどうだろうか[3]。

その開票結果は、ご承知のように、まさに「もしかすると〜」であった。もしこの住民投票で賛成が上回っていれば、大阪府・市の将来はもちろんのこと、日本の地方自治制度全体が大きな問い直しの対象となったであろうことは想像に難くない。つまり、近年の日本における第一級の政治的・社会的出来事であった。あるいは、まさに橋下劇場最大の「ドラマ」であった。

にもかかわらず、この出来事についても、しばらく年月が経過すれば、「こうで、こうで、こうだったから結果としてこうなった」と語られ、近未来の教科書に記述されるのだろうか。賛成派、反対派ともに握った手の汗が乾いていない現時点では想像しにくいことであるが、近い将来、「大阪府と大阪市は結ばれない運命にあった」「現実性のないプランの実施はこうして回避された」「有権者の合理的な判断が示された」などと語られたり書かれたりする可能性は十分ありそうに思われる。過去の幾多の歴史的事件はそうやって迷いを振り捨てて「成仏」し、歴史的「事実」となり、教科書の記述対象、授業の学習対象となってきたからである。あるいは、「勝てば官軍」のたとえ通り、結果として実現した事態が、

他のありえた可能的事態の上に君臨し、「事実」という「地位」あるいは「権力」を独占してきたからである。

ここで、住民投票という民主的判断の権威や意義を疑うべきだ、無視すべきだなどということを主張しているのではない。近い未来において、「今」のもつ可能性の幅やスリリングな揺らぎがどう加工処理され、どう単純化され「一本道」化されうるかを想像してみれば、今のわれわれが過去について授業する際、実は、生徒に対してかなり強引なことをしてしまっていることに気付くのではないかと言いたいのである。

主体性は不確実性の中でしか育たない

ならば、社会科授業やカリキュラムの中で、〈イフ〉脱線をもっと積極的に位置付け活用することはできないだろうか。「一服の清涼剤」どころか、授業で生徒に意識的、積極的に〈イフ〉に取り組ませる、さらに〈イフ〉を実践させるという発想があってよいのではないか。

たとえば、歴史上の事件を生徒にたどり直させ、史実とまったく異なる結末にたどり着かせる。あるいは、社会的論争課題を生徒に討議させ、社会における現実の決着とはまったく異なる結論を導かせる。こういった学習体験を、社会科の不可欠の学習内容として、社会科のカリキュラムの要所要所に計画的に組み込んでいくことはできないだろうか。

このような授業によって、過去と現在を必然の「一本道」から解放し、歴史と社会を可能性と不確実性の幅を持って学習させることが可能となるだろう。何より、このような学習体験が、生徒を、社会に主体的に参加し、未来の民主社会を担う次世代へと育成していく上で不可欠であると考える。なぜなら、そのような授業の中で生徒は、自分は社会に関わることができるし、自分の判断と決定によって未来を変えていくことができる、ということを体験的に実感できるからである。

しかし、学習者にとっては、社会・未来は変えていけるという「可能性」の体験的実感とともに、社会・未来は自分が思い描く通りに変えていけるわけではないという「不確実性」の体験的実感が、とりわけ重要である。

それは、ひとつには、若い世代にありがちな過剰な有能感を戒めるという点である。しかし、何よりの理由は、不確実な中での判断や決定こそが、社会的状況の中でわれわれが行っている判断や決定の真の姿であるという点にある。

　「大阪都構想住民投票」のように、われわれが個人としても集団としても意思決定ということをしなければならないのは、いわば問題の答えが教科書にもインターネットにも学術論文にも載っていないからである。既存の手段で社会的問題についての正解が分かるなら、調べればよいし、教わればよいのであり、意思決定は不要である——したがって、この場合、民主主義という政治制度すら不要である。

　J. デリダは次のように述べている。「超越論的主体のようなものが存在すれば、決定は排除されてしまいます」[4]。「決定不可能性を大いに重視しない限り、行為することも決定することも責任をとることもできないばかりか、決定や責任という概念を考えることもできないでしょう」[5]。

　つまり、決定とは、原理的に言って、つねに「超越論的」な（神の視点からみたような）正解のない、「決定不可能」な、つまり不確実な中での決定である。視界が良好なら、あるいは確実な地図があるなら、進路に迷うことはない。視界が不良だから、確実な地図がないから、われわれは考えなければならないし、知恵を出し合って議論しなければならないし、決めなければならないのである。

　したがって、生徒が、そのような不確実な社会的状況の中で、自分たちなりに考え、議論し、何らかの自分たちオリジナルの決定を行うという体験を持たない限り、生徒は、意思決定するという体験を持つことが、そもそもできない。言いかえれば、生徒は、主体性を発揮するという体験を持つことができない。生徒の主体性とは、そのような不確実性の中でしか育たないのである。

　また、主体性には、責任が伴う。主体性とは、正解がわからない中で、自分たちがあえて下した決定だからである。主体性の育成とは、責任意識の育成と表裏一体である。

従来の、「一本道」型、必然性学習型の社会科授業が持つ最大の問題点は、それが、生徒の主体性と責任意識を育成できない、という点にある。なぜなら、それらの育成に不可欠な、不確実性という学習機会を提供できないからである。

　社会科は、社会に主体的に参加し、未来の民主社会を担う次世代を育成することを使命とする教科である。社会科教育は、生徒に、歴史、社会の〈イフ〉の中で、すなわち、さまざまな可能性と不確実性の中で、自らの判断、決定を行うという体験をさせる学習機会を、教科に不可欠の要素としてカリキュラムの中に用意していなければならない。

第2節　いくつもの「キューバ危機」

「それを相手がどう解釈するか考えたか？」

　「13デイズ」は、キューバ危機におけるホワイトハウスの2週間を描いた映画である[6]。十年ほど前、筆者は、ビデオ屋のワゴンセールでVHS版を格安入手し気軽に見始めたのだが、見終わった気分は、気軽とは程遠いものとなった。

　記憶に残る場面として、国防長官のマクナマラが、海上封鎖を実施中の米艦船に照明弾の発射を許可した海軍高官に対し、顔を真っ赤にして次のように詰問するシーンがある。「それが相手に実弾発射と受け取られない保証はどこにあるんだ？それは…つまり言葉なんだ。それを相手がどう解釈するか考えたか？」。もしソ連艦が実弾攻撃を受けたと即断して実弾を発射したら、米艦は応戦せざるを得ず、その結果がどうなるか考えてみろ、というわけである。この詰問場面が史実か脚色かはわからない。しかし、この事件において、米ソがいかに危険なコミュニケーションの崖っぷちを歩んでいたかは非常に強く印象付けられた。

　ハリウッド映画だけに、ケネディ兄弟やマクナマラら当時の米国政府首脳を英雄化して（他方、軍部を悪者化し、またソ連側の人物をステレオタイプ化して）描いている傾向は否めず、この点は留意の必要がある。にも

かかわらず、この映画からは、核戦争の回避は何ら必然的な結果ではなかった、という強いメッセージが伝わってくる。

「合理的意思決定モデル」と「必然史観」の限界

キューバ危機に関する近年の研究を見てみると、核戦争に突入した危険性は、従来考えられていたよりもかなり高かったことが指摘されている。このような諸研究の中でも、阪本拓人・保城広至・山影進の研究は飛び抜けて興味深い[7]。

阪本らは、キューバ危機下の米政府内の討議過程について、討議への参加人物とその認知構造などの条件を少しずつ変化させてコンピュータ・シミュレーションを行った。その結果、多くの仮想パターンにおいて、米政府はより強硬な軍事オプションを選択していた——したがって米ソ軍事衝突が起こっていた——可能性が高いという。人類が核戦争を回避できたのは「かなり幸運な結果であった」[8]というのである。

この研究が斬新なのは、ある歴史事象に関して、歴史研究者が史料に基づき、自らの説明、解釈、物語、あるいはモデルを示す、という従来の歴史研究の型[9]にまったく当てはまらない点である。この研究は、歴史の〈イフ〉それ自体を、正面から扱っているのである。

歴史の〈イフ〉を追究する思考が、歴史研究、あるいは社会科教育の中で従来広く忌避されたり軽視されたりしてきたのは、それがしばしば根拠のないフィクションやファンタジーの知的遊戯に陥ると考えられてきたからであろう[10]。しかし近年、「歴史の〈イフ〉」思考を、この研究のように実証的研究の領域において活用可能にした要因は、一つは、明らかにハード面としてのコンピュータ技術の長足の進歩である。しかし同時に、ソフト面として、ゲーミングシミュレーションの技法[11]が広く研究技法として認知され受容されたことによると考えられる。

この阪本らの研究は、分析対象としたキューバ危機をどう捉え直すか、という以上の広い問題提起を含んでいる。この研究は、歴史や社会をどう捉えるのか、という方法論、あるいは認識論のレベルで、従来の歴史

研究の型、さらには社会科教育の型に問い直しを行っていると言える。特に、次のような二点で強く再考を迫るものとなっている。

まず、キューバ危機に関しては、ケネディや、彼ら米政府首脳の優れた知性と合理的な判断、意思決定が世界を救ったとする、いわゆる「ケネディ神話」や「ベスト＆ブライテスト神話」は、少なくとも単純な形では維持が難しいだろう。すなわち、彼らが優れた知性と判断力の持ち主であり、また最良の決定を為そうと知力の限りを尽くしたことは間違いないであろう。しかし、「それゆえに」核戦争は回避された、と単純には言えそうにないのである。

このことを一般化して言えば、次のようになる。すなわち、歴史的事実について、「ある個人が、理性的思考の結果、適切な手段を選択して目標達成や問題解決を行った」と説明する「合理的行為者」モデル[12]、あるいは「ある集団が、理性的な討議を通じて、適切な意思決定や合意形成を行い目標達成や問題解決を行った」と説明する「合理的意思決定」モデル[13]は、事実を単純化しすぎている可能性が常にある、と言える。

阪本らの研究の興味深い点は、とくに、集団討議におけるコミュニケーションの進行が、多様な要因に左右されるきわめて不確実性に満ちた過程であることを明らかにしたところにある[14]。加えて、この研究は一つの集団内の討議過程を対象としたものであるが、相互に外部性の高い集団と集団の間のコミュニケーション——とくに、敵対する集団間のコミュニケーション——は、よりいっそうの不確実性とリスクに満ちたものになるだろうと考えられる。冒頭に紹介した映画のシーンは、その一端を示唆している。

人間は、個人として最良の合理性を発揮したとしても、集団として最良の知性を結集したとしても、どうやら「神」からは程遠い存在のようである。

次に、阪本らの研究結果は、上に述べた個人や集団の合理的判断力の限界と深くかかわって、歴史的事実の発生を〈起こるべくして起こった〉〈成るべくして成った〉ものであると説明する必然史観[15]に対して、異

議を唱えるものとなっている。阪本らは述べている。「核戦争に至らずに危機が去ったのは、当時そう思われていたよりもはるかに偶然の産物であった。われわれの生きている世界は、半世紀前に分岐点を持っていたパラレルワールドの『幸運な方』にしか過ぎないと言えよう」[16]。

　これはもちろんキューバ危機に限らないであろう。すなわち、歴史上のあらゆる事実は、常に広範なパラレルワールドが分岐あるいは並走していると考えるべきである。歴史の事実には、そうはならなかったかもしれない可能性やそれ以外でありえた多様な可能性、言いかえれば、偶然性や不確実性やさまざまなリスクが、常に潜在的に、かつ幅広く存在する。必然史観は、これらの広範な〈イフ〉を視野に入れない限りにおいて成り立つ物語である、と言える。

事実／虚構の二元論を「脱構築」する必要

　歴史上の事実を、合理的に判断、選択された結果、あるいは必然的結果としてとらえ、物語ることは、その事態が進行・展開中にはらんでいたさまざまな可能性や不確実性を刈り取り、単純化し、「一本道」化することである。これは、同時代的に現代の社会を分析、記述する際においても同様に起こる。

　これは、歴史・社会事象のただなかで選択、行動する人間の判断能力が有限であるのと同様、それを解釈、記述しようとする人間の認識能力もまた有限であり、無限の可能性のカオスには耐えられないからである、と考えられる。

　したがって重要なのは、歴史、社会の事実の解釈と記述において、このような「合理化、必然化のベクトル」、言いかえれば「一本道化のベクトル」が常に作用することに自覚的であることであろう。その上で、事態のありえた可能性や不確実性のリアリティを再構成する「脱・合理性、脱・必然性のベクトル」を意識し、両者を往復することが必要なのではないかと考えられる。

　たとえて言えば、レゴブロックで組み立てられた城なり自動車なりの

完成作品（＝起こった事実）をいったんバラし、可能なさまざまの城なり自動車なりを自分で組み立ててみて、その可能な組み立て方の広がりの中で、もとの作品（事実）をとらえ直す、という作業――デリダ風の言い方をすれば、事実／虚構の二元論を「脱構築」する作業――が、歴史や社会の事実についての既存の物語と接する際には必要である――少なくとも時には。

　したがって、社会科の授業やカリキュラムにおいても、生徒が歴史上の事件をたどり直し、史実とは独立に自分たちの結末にたどり着き、その観点からあらためて史実を考察する、あるいは、社会的論争課題を討議し、社会における現実の決着とは独立に自分たちの結論を導く、といった「脱構築」の学習体験を要所要所で組織していくことが、ぜひ必要なのである。

「一本道」閉塞の打破こそ社会科教育研究の課題
　本書の意図は、「一本道」型授業を全否定することにあるのではない。社会科が保証しなければならない広範な知識、理解、あるいは技能の修得のために、それは最も効率的な手段である。しかし、社会科における「一本道」型授業の根本的な問題は、過去の出来事や現代の社会構成について一本道のストーリーのみで学習を行うと、学習者は、未来もまた一本道であると思ってしまうところにある。その結果、学習者は、未来について、いわば「なるようにしかならない」と考えるであろう。または、政府なり国連なり科学者なり、誰か「偉い人々」「正しい道を洞察できる人々」が未来を切り開いてくれるから、それに任せればよい、と考えるであろう。このような学習者には、自らの社会に対する何らの問いかけも、何らの主体性も、何らの責任意識も育たないであろう。このような人々からなる社会というものは、民主社会の名には値しないであろう。
　社会科教育研究の主要な課題は、このような「一本道」に閉塞した社会科授業の現状を打破する、何らかの新たな社会科教育実践の方法を見出すことにある、と考える。

第3節 「一本道」型授業の克服をめざした社会科実践
　　　——授業の「複線化」

　本節では、本書の観点から、「一本道」型授業の閉塞状況の克服をめざしたととらえることができる、重要な社会科教育実践の先行研究について紹介し、考察と評価を行っていきたい。

片上宗二「授業のオープンエンド化」

　「一本道」問題を在来の通念的な授業構成方法から生じる問題としてとらえ、その解決策を提起した、とみることができる研究として、片上宗二の「授業のオープンエンド化」の提唱が挙げられる[17]。

　片上は、未知（問い）から既知（答え）へと進み、教師が何らかの結論を出して授業を閉じる、という伝統的、通念的な授業構成の型を批判し、学習者が「授業後も、追究が継続できるようにすることこそが望ましい」と述べ、何らかの「学習の火種」つまり問いを残して終わる授業を構想すべきであるとする[18]。授業の成否は、授業後に学習者が思考や探究を続けるかどうかにかかっている、というのである。

　この提言を本書の観点から見れば、授業の構造が「原因→結果」あるいは「問題→解決」であっても、授業の後、あるいは授業と次の授業の合間において、学習者にとって、授業の「結果」が新たな「原因」となり、授業における問題の「解決」が新たな「問題」となる。その問いに対する各学習者の追究の結果が次の授業に持ち込まれ、授業の検討課題となる。そのような授業とは、「一本道」ではなく、学習者の多様な探究の交差点、あるいは広場などとみるのがふさわしいであろう。

　この片上の、授業構成方法の「オープンエンド化」に対して、以下に見る諸研究は、社会科授業の「一本道」問題の発生源を、授業の内容構成が「一本道」であることに見出した、とみることができる研究である。すなわち、授業の内容構成の「一本道」を、何らかの方法で「二本」以上にすることを提唱したととらえることができる研究である。これを、本

書では、授業の「複線化」の提案、あるいは「複線化型授業」の提案、と呼んでおきたい。

吉川幸男「差異の思考」

授業の「一本道」問題を、社会科授業における問い（発問）の構成の仕方から発生する問題としてとらえたとみることができる研究として、吉川幸男の「差異の思考」を促す社会科発問研究、授業内容構成研究がある[19]。

吉川は、従来の授業においてよく発される「なぜAは〜なのか」という単文型の問いを「Bは…なのに、なぜAは〜なのか」という複文型の問いとして構成し直すことを提唱する。このように、一つの事実のみで発問あるいは授業を構成するのではなく、その事実と類似点を持ちつつ重要な点で差異を持つもう一つの事実を比較対象として導入することによって、社会科の授業を、「社会に適応する」ための学習から「社会事象を考える」批判的思考の学習へと転換することができると吉川は述べる[20]。

本書の観点から見れば、ある事実のみを対象とする「一本道」授業に、いわば、もうひとつの事実という「道」を導入し、学習者に両方の「道」を比較考察させようとする授業、とみることができる。たとえば、地域学習で、「国道○号線は車の量があまり多くないのに、なぜ並走する県道□号線は多いのだろうか」という問いで授業が構成されたとすれば、まさに「道」の比較考察そのものとなろう。

このように、授業に複数の事実を導入し、「事実」と「事実」を比較し考察させる、という仕方で授業を「複線化」するタイプの授業を、本書では「複線化型授業のタイプ1」としたい。

ただし、複数の事実の比較によって確認されることがらも、また事実（いわばメタ事実）である。もし教師が、この意味での事実の確認を学習目標とし、それを授業の固定的なゴールとして考えてしまった場合には、いわば、授業の最後に二本の「道」は合流し、授業は全体として「一本道」

の授業と大差のないものとなりはしないだろうか。たとえば、教科書には、「大日本帝国憲法」と「日本国憲法」、あるいは「日本の国会」と「アメリカの議会」のような、二つの法や制度などを比較する表や図が載せられている。しかし、多くの授業において、このような比較によって確認された事項が、「試験に出る暗記事項」という以上に、学習者の思考を活性化していると言えるだろうか。

　授業で事実を比較させる目的は、学習者の思考を、授業で行った比較考察以上のさらなる探索に広げることであると考えるべきである。事実Aに事実Bをぶつける比較型授業において、学習のターゲットとなる事実がAであるとすれば、事実Bは、学習者が事実Aについての理解を深めたり、広げたり、さらに、事実Aのあり方を問い直したり、事実A以外の事実のあり方を構想したりするための「触媒」なのである。そして、このような学習者の探索的思考は、終業のベルとともに終わるのではなく、授業の後においても学習者自身のなかで展開され続けるべきものである。この観点から見れば、事実Aにとっての事実Bとは、片上のいう「授業のオープンエンド化」のための触媒であると言うこともできる。

　だとすると、このような「触媒」は、必ずしも、この世に現に成立した「事実」に限定しなくてよいのではないか、とも考えられる。

　以下に見る諸実践は、授業に、起こった事実のみでなく、それに加えて、〈イフ〉すなわち「起こりえた事実」を何らかの仕方で導入することによって授業を「複線化」しよう、という発想をもつものである。

　授業に「起こりえた事実」を導入した授業の「複線化」は、次の3つのタイプのいずれかとなるであろう。

　まず、実際に生起した「事実」と「起こりえた事実」とを比較させるタイプの授業がある。これを、「複線化型授業のタイプ2」とする。

　また、歴史、社会のある時点、ある状況において可能な、複数の「起こりえた事実」について、相互を比較させるタイプの授業がある。これを、「複線化型授業のタイプ3」とする。

さらに、授業内に、現実世界と相似した何らかの仮想世界を導入し、学習者をその仮想世界で活動させ、その過程で生じうる複数の「仮想事実」(それらは、現実世界において起こっている、あるいは起こりうる事実のシンボルとなっている)を比較させるタイプの授業がある。これを、「複線化型授業のタイプ4」とする。

ここで「複線化型授業」の4つの類型を整理すると、次のようになる。

①「複線化型授業のタイプ1」――「事実」と「事実」の比較
②「複線化型授業のタイプ2」――「事実」と「起こりえた事実」の比較
③「複線化型授業のタイプ3」――「起こりえた事実」と「起こりえた他の事実」の比較
④「複線化型授業のタイプ4」――「仮想事実」と「他の仮想事実」の比較

①類型の授業は、学習対象とするある事実に、他の類似した事実をぶつけることによって授業を「複線化」し、学習の可能性を広げ、それによって授業の「オープンエンド化」を図ろうとするものであった。これに対して、②～④類型の授業はいずれも、授業に、「起こった事実」のみでなく、何らかの〈イフ〉すなわち「起こりえた事実」を導入することによって授業を「複線化」し、学習の可能性を広げ、それによって授業の「オープンエンド化」を図ろうとするものである。

以下では、②～④類型、すなわち何らかの仕方で授業に〈イフ〉を導入することによる授業の「複線化」の3タイプの実践事例を検討したい。

タイプ番号と行論の順序が前後するが、まず「タイプ3」の実践事例として、小原友行が提唱した「意思決定」学習、次に、「タイプ2」の実践事例として、児玉康弘が提唱した「批判的解釈学習」、最後に、「タイプ4」の実践事例として、藤原孝章が開発した「シミュレーション教材『ひょうたん島問題』」、をそれぞれ取り上げ、考察と評価を行っていきたい。

小原友行「意思決定」学習
　①歴史の分岐点に学習者を立たせる
　小原友行は、「意思決定」を方法原理とする社会科学習を提唱し、授業において学習者自身に意思決定を行わせる授業実践を提言している[21]。
　小原は、社会科の発足以来のねらいとは、「あくまでも、社会的事象の事実認識に基づいて、社会の中での生き方を児童・生徒に主体的に追求させていく（未来を選択していくことのできる力を育てる）」[22]公民的資質の育成であるとし、その上で次のように述べる。「これからの社会の公民（市民）に求められる資質は、民主的社会の主権者として、今後ますます加速化し深刻化していくことが予想されている社会の変化や課題に対して、合理的な判断を行い、適切な社会的行為を選択していくことができる能力であろう。（略）なぜなら、現代社会が直面している課題、あるいは今後直面することが予想される課題のほとんどは、価値観の違いによって解決策が分かれるような、それゆえ合理的な解決が困難な問題ばかりであるからである」[23]。
　このような、「意思決定」を方法原理とする社会科授業の構成方法として、小原は、「児童生徒に意思決定を迫るような問題場面に直面させることが必要」[24]と述べ、「社会的論争問題」を取り上げる。具体的な授業案としては次の二案が提示されている。
　中学校公民的分野「森林の南北問題」単元の授業では、熱帯林の枯渇、森林の南北問題の現状を学習した後、「割りばし、つまようじ、紙コップは木材資源の無駄使いとなるので使い捨てをやめるべきか、木材資源の有効な利用方法なのでやめるべきではないかどうか」[25]について討論させる。また、中学校歴史的分野「開国か攘夷か」単元の授業では、以下の各課題について、判断や意思決定を行わせる。「ペリーが来航した時、阿部正弘は開国か攘夷かという決定を行うことを求められた。君達だったらどうするか。クラスを開国派と攘夷派に分けて討論会を行う」[26]。「日本はどうして攘夷ではなく開国の道を選んだのか」を考え、「開国によっ

てどんな問題が解決され、どんな問題が解決されなかったのか、開国は成功だったのか失敗だったのか、それはどうしてか判断する」[27]。「阿部正弘に意見を求められたとしたら君達はどのような回答をするか、阿部正弘の諮問に対する答申を考えてみる」[28]。

　本書の観点から見れば、このような小原の実践提案のうち、「森林の南北問題」の授業は、今日時点からみての未来の複数の「起こりうる事実」について比較させる提言、「開国か攘夷か」の授業は、過去時点から見た未来の複数の「起こりえた事実」について比較させる提言、とみることができる。どちらの場合も含めて、本書では「複線化型授業のタイプ3」と分類する[29]。

　ただし、小原の授業提案により即していえば、「起こりえた(起こりうる)複数の事実」の比較というよりも、「取りえた(取りうる)複数の進路」の比較と呼ぶ方が自然であろう。小原の授業提案は、先にみた吉川の授業提案のように、二つの並走する「道」を客観的に比較させたというより、「道」の分岐点に学習者自身を立たせ、進路を選択させたことに特徴がある。すなわち、社会事象を考察の対象としてのみ扱うのではなく、その中に学習者を仮想的に参加させたことに特徴がある。

　小原は、「社会の中での生き方を児童・生徒に主体的に追求させ」、「未来を選択していくことのできる力」を育成することが社会科における公民的資質育成の核である、と主張している。この社会科目標観から、この授業が、森林資源減少、あるいはペリー来航という「意思決定を迫るような問題場面」──いわば、それまでのような「一本道」で進むことができない問題状況──に学習者を立たせた上で進路の選択を迫った意図は、次の点にあると考えられる。すなわち、それぞれの選択の結果を比較させ、それぞれの問題解決性の得失を考察させ理解させることよりも(それも重視されているが、それよりも)、学習者を、歴史や社会過程の重要な分岐点に仮想的に立たせ、どちらを選ぶかを判断、意思決定する体験をさせることそのものを重視したみることができる。

　この点に、小原の、「意思決定」を方法原理とする授業提案の特質を

見出すことができる。しかし、そうならば、以下のような疑問も湧いてくる。

②「意思決定の準備」と「意思決定そのもの」
　既引用部分で見たように、小原は一方で、「これからの社会の公民（市民）に求められる資質」として「合理的な判断を行い、適切な社会的行為を選択していくことができる能力」を挙げながら、もう一方で、その理由として「現代社会が直面している課題、あるいは今後直面することが予想される課題のほとんどは、価値観の違いによって解決策が分かれるような、それゆえ合理的な解決が困難な問題ばかりであるからである」と述べている。しかし、「合理的な解決が困難」なら、なぜ「合理的な判断」や「適切な社会的行為」の「選択」が育成目標となるのであろうか。要するに、小原は、授業提案で最重視する「意思決定」を、「合理的」になされるものと考えているのであろうか。それとも「合理的な解決が困難」な問題の決定と考えているのであろうか。
　もし前者ならば、すなわち、「森林の南北問題」にしろ「開国か攘夷か」にしろ、選択肢の他方よりも一方がより合理的な判断であるともし言えるのなら、その授業でわざわざ学習者に選択や意思決定をさせることに（授業構成上の工夫という以上の）本質的な意義があるだろうか。いずれにせよ、結果的には、授業の最後で合理的、客観的な「正解」を確認することとなるであろう。ところが、このような授業は、小原が脱却をめざした、本書の言い方でいう「一本道」授業に回帰してしまうことも、また確かである。
　したがって、「未来を選択していくことのできる」公民的資質を育成する、という社会科教育の目標理念を追求するためには、「合理的な解決が困難」な、すなわち合理的、客観的には「正解」を導き出せない問題を授業の俎上に取り上げ、学習者に、何らかの意思決定を求める学習を組織する必要があるのである。
　小原の実践提案のもっとも重要な意義は、学習者を、合理的な意思決

定が不可能な問題に取り組ませ、意思決定を求めたことにある、と本書はみる。

問題は、実践提言者自身がこの意義を明瞭に自覚していたかどうか、である。

小原に限らず、社会科教育の目標を論じる議論においては、「合理的な意思決定」、「合理的意思決定能力の育成」といった言い方が、よく用いられる。しかし、この言い方は、原理的には語義矛盾ではなかろうか。「意思決定のための合理的な準備」というものはありうるし、なされなければならない。すなわち、決定に関わる事象についての先行の知見やデータ・情報の収集と分析、問題の多角的な検討、論理的・科学的な推論、集団での十分な討議、また粘り強く考え抜く態度、などであり、このような「意思決定のための合理的な準備」の能力を学習者に培うのは、社会科教育(を含む学校教育)の重要な使命である。しかし、意思決定それ自体は、はたして、このような準備の延長上で合理的になされうるものだろうか。

先にみたように、デリダは、もし合理的になされうるなら、それは意思決定ではない、と述べている。

「合理的意思決定」という語は、この語を有意味に用いようとする限り、意思決定「まで」の合理性を意味すると考えるべきである。意思決定「そのもの」は、合理性を越えたところで、不確実性の中でなされるものである。小原は、この区別を明確につけるべきであった。それによって、小原の問題提起のポイントが、〈意思決定「まで」の合理的思考力の育成と、意思決定「そのもの」の体験をともに保証することが、公民的資質を育成していく上で必要である〉という主張として明瞭になったと考える。

③**不確実性の予防的刈り取り**

小原の授業提案には、以上と関連して、もう一点検討したい問題がある。

小原の授業提案の特徴は、「森林の南北問題」「開国か攘夷か」のどちらにおいても、それらの問題に重要な関係を持つはずの他者、相手が想定されていないことである。「森林の南北問題」の場合、森林を保有する国々や森林資源を輸入する国々、また森林開発や木材売買に従事する企業、あるいは環境保護NPOなど、この問題のシビアな利害ないし価値当事者であるはずのさまざまな国際的アクターが登場しない。授業で設定されている役割類型は、「割りばし」などを使う、あるいは使わないと主張する、二タイプの市民（「割りばし」を問題にしているので、明らかに日本国の市民）だけである。

　授業構成を、これらの二つの立場の選択肢の中からの意思決定とする場合でも、その決定において考慮すべき要素として、熱帯林の森林開発に利害的、価値的に関与するさまざまな主体が考慮されるべきではないだろうか。さらに言えば、個人レベルで「割りばし」などの使用をどうするか、という「道徳的」問題設定よりも、森林の南北問題に対して、日本が国家としてどのような政策選択を行っていくべきか、という政策レベルで選択肢を設定すべきではなかっただろうか。そのような政策レベルでの選択肢の設定によって、さまざまの国際的利害当事者が視野に入ってきたと考えられるからである。

　「開国か攘夷か」の授業も、いわば肝心の役者を欠いている感がある。
　阿部正弘にしろ、彼の諮問に答える（大名などの）答申者にしろ、開国か攘夷かの意思決定においては、それぞれのメリットとリスクを最大限慎重かつ広範に考慮しなければならない。しかし、そのメリットやリスクの発生如何やその多寡を根幹で左右するのは、ペリーを代表とした米国側の出方であって、彼らこそが問題の震源地なのである。したがって、この授業で、阿部など意思決定者がまず何より対処しなければならないのは、国内情勢や国内世論ではなく、ペリーであるはずである。彼らはなぜ来たのか。何をめざしているのか。何が米国の国益だと彼らは考えているのか。彼らはどこまで譲歩する用意があるだろうか。彼らはいつまで待つだろうか。これらを考察することによって、仮に開国に踏み切

るとしても、さまざまな規模や形の開国がありうることに気付くはずである。

　要するに、この二つの授業で扱われている問題は、本質的に国際問題であり外交問題なのである。利害、価値、文化の異質性が高く、対立性が強い外部の他者、相手を想定し、それとの関係の中で最善の決定を行い、合意を形成していかねばならない状況である。にもかかわらず、小原の授業構成の中には、なぜそのような外部アクターの想定がないのだろうか。

　これは、小原の実践が、日本一国内であれば、みんなで話し合って何かしら「合理的」な問題の解が見つかるかもしれない、という暗黙の前提を置いていたためではないかと推測される。そのために、この授業は、異質性、外部性の高い他者とのコミュニケーションにおいて不可避的に発生する不確実性を、あらかじめ刈り取っていたのではないだろうか。

　このような、「不確実性の予防的刈り取り」は、ひとつは、授業設計において必ず必要な、内容構成の単純化の技法である。学習者が知的に処理できなくなるような複雑すぎる要素の設定は避けなければならない。しかし、小原の授業における外部的他者の不在は、このような、授業構成のための意識的、技術的な単純化の結果とは考えられない。その原因は、授業構成者自身において、扱った問題を国際的視野でみる視点、外交・国際交渉的事案としてみる視点が、もともと欠如していたことにあると考えられる。

　小原の実践は、歴史、社会のある時点における選択肢を提示し、学習者に意思決定を求めるという点で、従来の「一本道」型授業からの重要な脱却である。にもかかわらず、ここで設定される選択肢が、学習者に直面させるべき意義ある不確実性をあらかじめ刈り取ったものであった場合、このような授業は、いわば少し目を離してみてみれば、「一本道」型の授業と同工異曲のものとなっているのではないだろうか。

　この小原実践に関しては、後に第4章でも再度検討を行う。

児玉康弘「解釈批判学習」「批判的解釈学習」

①正しい年表、筒のような歴史

児玉康弘は、中等歴史教育分野において、生徒の自主的・自立的な歴史認識形成を援助する教育内容を開発することを目的として、「歴史には様々な解釈が成り立つことを発見させる方法と、歴史に別の可能性があったことを発見させる方法」[30] の二つの方法論のそれぞれに即して歴史教育内容・授業を開発し、前者のタイプの歴史学習を「解釈批判学習」、後者のタイプの歴史学習を「批判的解釈学習」と呼称している。

児玉は、問題の所在を次のように述べる。「正しい一つの年表や筒のような歴史といったものが我々の過去には横たわっており、それを古代から順に教え、発見させていくことが共通認識や、現在を生きる足場として必要であるという歴史教育観がわが国ではきわめて強固であり、ゆるぎなく存在しているといえよう」[31]。その主要な要因は、歴史に対する一つの解釈にすぎないものを、唯一の歴史の事実として教えてしまっているからであると児玉は指摘する。

本書で言う「一本道」授業の問題の原因として、そもそも教師が、一つの解釈あるいは一つの言説である歴史（特に教科書記述）を、実在する「筒」（ないし「一本道」）のような存在物として考えてしまっている可能性は十分にある。であるならば、生徒も当然、歴史をそのようなものとして理解し受容しているはずである。

児玉の提起する「解釈批判学習」は、このような問題に対して向けられた改革提言である。

児玉の「解釈批判学習」の授業構成の事例として、フランス革命の歴史的意義をどう考えるか、について生徒自身の評価、判断を育成することを目的とした「なぜ、ヴァンデ戦争は起きたのか」を紹介する。フランス革命の意義については、伝統的な「市民（ブルジョワ）革命論」的解釈と、近年の「国民国家形成論」的解釈という、異なる大きな二つの解釈がある。ヴァンデ戦争は、革命が急進化した時期にフランス西部で勃発した共和国政府に対する最大の反革命戦争である。児玉は、この戦争が、

生徒にフランス革命に対する二つの異なった解釈に出会わせる最適の教材と判断し、4時間扱いの小単元を構成している。授業では、ヴァンデ戦争の原因を革命政府の土地政策への反発、ととらえる市民革命論的解釈を補強する事実と整合しない事実、および、戦争原因を革命政府のカトリック信仰の否定と国家への精神動員への反発、ととらえる国民国家論的解釈を補強する事実と整合しない事実、がそれぞれ順次示される。授業の最後では、それぞれの解釈をとる生徒どうしのグループ討論が組織されたのち、フランス革命とヴァンデ戦争について自由に評価しなさい、という課題が提示されて終了する。

②それはなぜ事実となったのか

　以上のような「解釈批判学習」の授業諸事例とともに、児玉は、解釈レベルのみでなく、事実レベルにおいて、必然史観的歴史認識を可変性のある歴史認識へと開いていく必要を主張し、「歴史に『もし』という仮想的条件を持ち込んで、（史実と）異なる事実が選択された場合と比較検討させるような条件設定をする」[32]授業を提案する。これが、児玉の言う「批判的解釈学習」である。「批判的解釈学習」とは、「歴史の複数の可能性の中から、なぜ一つが選ばれて事実となったのかを批判的に解釈させる学習である」[33]。「生徒を歴史上の諸問題に直面した人々の選択と意思決定の場面に直面させ、取り得た選択肢にはどのようなものがあり、その中からどの決定がなぜ為されたのか、あるいは為されなかったのか、そしてその決定は良かったのか悪かったのか、もし別の決定が為されていたらどうなっていただろうか等の問いについて、今日的視点からあらためて考察する過程として授業を組織しようとするものである」[34]。

　このような「批判的解釈学習」は、本書の観点からは、授業に、実際に生起した「事実」と「起こりえた事実」とを導入し比較させる提言、ととらえることができる。本書の分類では、「複線化型授業のタイプ2」の実践提言である。

　「批判的解釈学習」の授業構成の事例として、19〜20世紀転換期のイ

ギリスにおける初期福祉国家の形成過程を扱った4時間扱いの小単元「なぜ、イギリスは人民予算案を選択したのか」を紹介する。貧富の格差が顕在化した当時のイギリスでは、社会保障制度確立のための財源として、広い大衆課税で財源を形成しようとする「人民予算案」と、累進制により富裕層の税負担を重くする「関税改革案」が争われた。授業では、世紀転換期のイギリスの社会的状況を確認したのち、この政策論争の過程と、選挙による国民の選択の過程を追う。1906年の総選挙によって「関税改革案」が実質的に選択されなかったことをみたのち、生徒に、もし関税改革案を選択していたらどうなったであろうか、と問う。さらに、1910年の総選挙によって、「人民予算案」が僅差で選択され、それによって国民の負担と受益権を一対にした福祉政策が原則となったことをみたのち、この選択が、後のイギリスの福祉政策に及ぼした正と負の影響をともに確認する。授業の最後では、このイギリス国民の選択とその後の歴史が、今日のわれわれに示唆するものはなんだろうかを考えさせる。

③客体性と主体性とのギャップを架橋する

　以上のような児玉の「解釈批判学習」および「批判的解釈学習」の問題提起の特徴は、まず歴史解釈のレベルでは、歴史研究の成果というより、むしろ進行中の歴史研究の解釈論争を教室に持ち込み、また歴史事実のレベルでは、豊富な文献史料に基づいて進行中の歴史の現場のダイナミズムや揺らぎを復元し、それらによって、歴史解釈と歴史事実の両レベルで生徒の認識を多元化しようとしているところにある。それによって学習者に、歴史を、「一本道」の物語として受容するのではなく、自らの判断で解釈と評価を行う対象として認識する可能性が開かれているといえる。

　児玉の問題提起のもう一つの特徴は、上記のように、歴史を、解釈と評価を行う「対象として」認識させる、という点にある。

　児玉は、本書でも検討した小原友行の実践に言及し、「主体の意思決定自体を目的とし、その合理化を直接的にめざす方法と、意思決定は手

段とし、客体の決定批判を通じた間接育成にとどめる方法のいずれがよいのか」[35]との問いを立て、「主体の形式的決定を留保させ、客体の決定に関するより多くの事実認識と評価を、どこまでもぶつけ続けることで、主体内面の実質的意思決定の不断の変革を間接的に迫ることこそが、社会科歴史教育の固有の役割であろう」[36]との判断を示している。つまり、歴史事象の当事者としての主体的意思決定を迫る小原の実践に対して、その歴史事象をあくまで客体とし、それについての豊富な歴史事実を知ることを通じてそれを批判的思考と評価の対象とすることが、間接的に民主的な主体性形成を行うこととなり、それこそが社会科の固有の役割である、というのである。

　社会科の「固有の役割」とは、事実認識と批判的思考力の育成に踏み留まるべきものか。それとも、社会的状況の当事者としての実践的体験の組織が、社会科という教科の中でなされるべきものなのか。

　この論点に関する本書の考え方は、たとえて言えば次のようなものである。

　「サッカーのルールを教わった。サッカーの歴史も教わった。世界の国々のサッカーの事情も教わった。また、古今のサッカーの試合のさまざまな事例を比較し、批判的に検討することも経験した。しかし、サッカーのゲームは体験しなかった」という学習者がいた場合、そのような授業は、はたして「サッカーを教えた」ことになっているだろうか。この「サッカー」に「社会」を代入した場合、そのような授業は、はたして「社会を教えた」授業なのだろうか。

　客体認識、批判的思考と主体としての実践との間には、やはり何がしかのギャップがある。認識・批判することと、認識・批判される当のその行為を行うこととの間には、やはりギャップがあると言い換えてもよい。まだしもサッカーならば、見る人とする人が別々であってかまわない。しかし、福沢諭吉が『学問のすすめ』において、文明社会の国民は「客」と「主人」の両方の役割を務めるべきであると述べているように、民主社会に関しては、「見る人」と「する人」が油水分離しているような社会

を、健全な民主社会と呼ぶことはできない。民主社会において必要なのは、認識・批判と実践のギャップを乗り越える、認識者、批判者であると同時に実践者であるような人々の育成である。したがって、社会科教育の「固有の役割」とは、何より、このギャップを乗り越える支援をするところにある、と本書は考える。

　先に論じたように、小原の意思決定授業の提案は、その場面設定において決定的な狭さがあり、そこで意思決定体験を行う学習者が直面する状況が過剰に単純化され、歴史、社会事象の追体験として必要なリアリティを欠いていた。しかし、だからと言って逆に、児玉のいうように「より多くの事実認識と評価を、どこまでもぶつけ続ける」ことが妥当なのだろうか。

　体験的な学習の組織においては、通常の授業で扱うような、授業対象に関する豊富で厚い事実を扱うことは不可能であるし、またそもそも目的でもない。適切な事実の単純化と状況の設定、役割の定義を経た体験学習の場面設定によって、いかなる「客体」の事実認識形成と批判的検討によっても得ることのできない学習内容を、学習者に獲得させることが目的である。その学習内容とは、自分で「やってみる」体験であり、不確実で流動的な状況の中で、直面する社会的課題に何とか対処してみるリスクテーキングな仮想体験である。授業内の仮想体験であるからこそ、リスクを取ることが可能であり、選択に「失敗する」ことも可能である。

　また、このような体験の事後、ディスカッション（ディブリーフィング）を組織し、各自の体験内容を交流させた上で、自分たちの選択が成功だったのか、失敗だったのか、史実上の選択が成功だったのか、失敗だったのかなどを学習者に考察、討議、評価させることも可能である。すなわち、「批判的思考」の育成とは、何も客体的事実の検討を行う授業の占有物ではない。

　社会科教育は、歴史、社会的諸事実の客体性と、学習者の主体性とのギャップを架橋し、その統合を追求することを「固有の役割」とする。

児玉の実践提言は、いわば客体性の側から、この課題に最大限肉迫することに成功したと評価できるものである。しかし、児玉には、この逆方向からのアプローチを、社会科「固有の役割」から排除する理由はなかったはずであると考える。

藤原孝章「シミュレーション教材『ひょうたん島問題』」

①ジレンマ×ジレンマ＝？

藤原孝章は、一つの社会内に多民族が共存する多文化社会において起こる文化間摩擦と政治的葛藤の問題構造を、体験的に理解させ、ロールプレイ的ディスカッションを通じて問題解決を図らせる「シミュレーション教材『ひょうたん島問題』」を開発している[37]。

藤原は、教材開発の意図を次のように述べる。西欧社会では、イスラム系、アジア系など「同化困難」な異質な民族・文化集団が問題となっており、文化や民族の差異を、特に公共的な空間において認めるかが議論されている。加えて、個人と共同体の対立という問題もあり、近代的・西欧的な個人と人権を尊重する価値観と、イスラム文化のような非近代的、非西欧的な価値観が衝突している。何より、今日の日本において、このような多文化社会の諸問題が顕在化しつつある。「このような社会問題とその〈ジレンマの構造〉の認識こそ多文化学習の目標である。『ひょうたん島問題』を通して学ぶことは、社会問題のジレンマ的な内容であり、問題解決のあり方を探ることなのである」[38]。

学習の舞台となるひょうたん島は、仮想の島国である。不思議な駆動力を有し、海の上を移動する。ひょうたん島の人口は過密であるが、一人当たりの国民所得は高く豊かであり、失業率も低い。ただし、21世紀には労働力不足も懸念されている。明示されてはいないが、日本をモデルにしていると考えられる。

このひょうたん島に、北の「カチコチ島」と南の「パラダイス島」から多くの人が移住する。「カチコチ人」はきわめて労働意欲が高く、休みなく働き、「ひょうたん人」の職場にも進出するようになる。一方、「パ

ラダイス人」は、その日暮らしができればよいと考え、簡単な仕事にしか就かない。また、文化として昼寝を習慣としている。このため、ひょうたん人は、かれらに「怠け者」との印象を抱いている。

　以上のような状況提示の後、学習活動として、次の5つのレベルが設定されている。

　レベル1「あいさつがわからない」、レベル2「カーニバルがやってきた」、レベル3「ひょうたん教育の危機」、レベル4「リトル・パラダイスは認められるか」、レベル5「ひょうたんパワーの消滅」。

　たとえば、レベル3「ひょうたん教育の危機」では、ひょうたん学校に通うパラダイス人子弟が言葉、習慣の違いから授業について行けず、パラダイス人はパラダイス人学校を設立しようと運動を始める。そこで、それぞれの代表が集まって、「パラダイス人学校の設置は認められるかどうか」について会議が行われる。学習者は、5名1組のグループに分かれ、この仮想会議の参加者の役割を演じる。

　各役割は、「普遍主義／差異主義」「人種主義／反人種主義」の2つのジレンマの掛け合わせから、「普遍派人種主義」（マジョリティ文化への同化主張）、「差異派人種主義」（マイノリティ文化保持の主張）、「普遍派反人種主義」（個人の人権と自由の主張）、「差異派反人種主義」（多文化主義の主張）の4類型（いわばテトラレンマ）となる。このどれかに当てはまるように役割が設定され（たとえば「ひょうたん教育委員会委員長」「パラダイス学校建設運動協議会代表」など）、各立場が主張すべき基本的内容が提示されている。

　会議では、各立場が、自分の主張する教育政策の優先度とその根拠を提示し、議論した上で、グループとしての結論を出す。ただし、時間内に決定できない場合も認める。ロールプレイの後、振り返りを行うか、役割を離れて参加者自身の意見で議論を続行させる。最後に、教師（ファシリテーター）から、現実に生じている、日本における外国人子弟の就学問題とその対応施策およびその課題が紹介される。

　藤原自身による、学校教育や市民向けセミナーなどにおける実際の実

施結果も報告されている。高校生、学生や若い教師の場合、普遍主義や多文化主義を結論とする傾向が、また人権教育に取り組んでいる教師やNGOメンバーなどは、同化に対抗するマイノリティ文化の保持を選択する傾向が、それぞれみられるという。また、アメリカ人が参加したワークショップでは、同化主義が選択された例があるという。

　最終セッションにあたるレベル5「ひょうたんパワーの消滅」では、カチコチ人、パラダイス人、ひょうたん人それぞれの利益追求の結果として、ひょうたん島の森林の乱開発が進行し、深刻な水源枯渇が生じたのみならず、ひょうたん島を駆動する動力に異変が起こり、このままではやがてひょうたん島は水没する危険にあることが判明する。学習者は5名1組のグループに分かれ、3民族のそれぞれの代表をロールプレイするか、もしくは参加者自身の意見に基づいて、未来の選択を話し合う。このレベル5は、「『宇宙船地球号』的な、何らかの普遍的価値を設定しなければ、言い換えれば民族グループが勝手に自分の利害のみを追求し対立を深刻化させていけば、ついには、自分たちそのものの存在を危うくするのだという、比喩として設定している」[39]。

②正解を奪い合うポリティクス

　以上のような藤原のロールプレイ教材の開発と実践は、本書の観点からは、「複線化型授業のタイプ4」、すなわち、授業内に、現実世界と相似した何らかの仮想世界を導入し、学習者をその仮想世界で活動させ、その過程で生じうる複数の「仮想事実」（あるいは、取りうる複数の仮想未来）を比較させる提言であるということができる。端的に言えば、授業にゲーミングシミュレーションを導入した実践であると特徴づけることができる。

　藤原の授業において、仮想の舞台である「ひょうたん島」は、何となく日本と相似した状況設定となっている。藤原の実践は、グローバル化の中で多文化化が進行しつつある日本社会の近未来をシミュレートすることが意図された実践であると見ることができる。

授業構成においては、学習者に理解させたい事項、すなわち多文化社会における複合的なジレンマが、単純化された設定とシナリオの中に巧みに埋め込まれている。ロールプレイにおいて学習者は、いや応なく問題に直面する疑似当事者となり、何とかしてその問題の解決を図ろうとする。しかし、どのような解決策をとるにしても、何らかの価値を相対的に重視し、他の価値を相対的に軽視せざるを得ず、ジレンマを解消することは不可能である。つまり、この問題に唯一の正解はない。

　にもかかわらず、各当事者にとって、会議がどのような結論に至るかは、「ひょうたん」コミュニティにおける自民族の政治的、経済的、文化的地位を死活的に左右する。このため、各者は自民族にとって不利な結論を回避しようと努力し、議論は熱を帯びざるをえない。つまり、いわば「正解を競い合う」あるいは「正解を奪い合う」こととなる。いっぽうで、何らかの合意を形成するためには、各者は自分・自民族にとっての自明の「正解」について自己言及し、自己内で何らかの問い直しを行わざるをえなくなる。

　その結果、グループごとにディスカッションの進み方は一様にはならず、グループごとに異なった解決策に到達することとなる。先にみたように、レベル3「ひょうたん教育の危機」の実施例では、グループの構成メンバーの属性も影響して、ディスカションは、大きく3つのタイプの異なった結論に至っている。

　このように、藤原実践が授業内に仮構した世界とは、多文化社会におけるポリティクス、すなわち政治的な対立性や闘争性を抽象したものである。そのため、(現実の国際会議などがそうであるように)その仮想世界内の各役割演技者の相互作用によって、あるいは、各者の自己内における価値葛藤の処理の仕方によって、仮想世界の未来はまったく変わってくる。このように、この授業における学習者の学習体験は、いわば、どうしたって「複線化」されざるをえず、「一本道」にはなりえない構造となっているのである。

　この藤原実践のように、授業全体をまるごと仮想現実化し、パラレル

ワールド化するとしても、本書でいう「一本道」授業の問題が克服できるとは、実は限らない。たとえば、地図を読解する技能などの、ある明確な育成目標の達成をめざしたゲーミングシミュレーションを設計する場合、学習者に確実に修得・習熟させるべき目標がセッションの終点に置かれることになる。

　本書は、このような、知識獲得やスキル形成を目的とするようなゲーミングシミュレーション利用の意義を否定する意図は全くない。しかし、現代におけるゲーミングシミュレーション研究のパラダイムを切り開いたと言われるR.デュークは、ゲーミングシミュレーションの固有の意義について次のように述べる。「ゲーミングは、未来予測をするための方法ではないし、当面の問題を解決する近道でもない。ゲーミングは、複合的状況に関する全体的理解を得るためにふさわしく、特に複数の未来像への思索を深めるのに役立つ」[40]。デュークは、ゲーミングシミュレーションを「未来を語る言語」、コミュニケーションツールの一種として意義づけており、特に「複数の選択肢を語る手法」であることがゲーミングシミュレーション固有の意義である、と述べている[41]。

　このデュークの指摘に基づくと、藤原の開発したロールプレイ教材の意義は、藤原が意図した、多文化社会がはらむ「〈ジレンマの構造〉の認識」の形成を、「複数の未来像」をめぐるコミュニケーション体験を通して行おうとしたことに求められる。本書は、「正解」となるような解決策が不在であるような不確実性の中で、さまざまな問題解決の仕方に開かれたコミュニケーションの体験を学習者に組織した点に、藤原実践の最重要の意義を見出すものである。

③デウス・エクス・マキナ？

　したがって、以上のような本書の評価の観点からは、「ひょうたん島問題」におけるレベル5「ひょうたんパワーの消滅」の設定に疑問を感じざるをえない。藤原は、最終的に、「『宇宙船地球号』的な、何らかの普遍的価値」「人類共通の利益」[42]に気付かせる必要を主張している。しか

し、このようなステージの設定は、レベル4までの、民族共存をめぐる解き難いジレンマの解決を模索するコミュニケーション体験にとって、どのような意味を持つであろうか。

　まず、レベル4までの課題が、民族間、価値間のジレンマをあくまでポリティカルな問題として扱っているのに対して、レベル5では、課題が、開発と環境保護のジレンマというエコノミーないしエコロジーの問題として位置づけられ、問題の次元がいつの間にか飛躍してしまっている。その結果として、レベル5は、いわばジレンマの超越論的一挙解決——いわゆるデウス・エクス・マキナ[43]——になってしまってはいないだろうか。

　人間社会の不確実性とは、人間が個人としても集団としても、有限の認識能力しか持たず、空間や時間の限界に縛られ、しかも民族、国家などの集団帰属と政治的立場性を脱却することができないがゆえに、つまり、人間が「神」ではないことから必然的に起こるものである。レベル4までは、まさにこの有限性の中で学習者を試行錯誤させ、論争させるものである。ところが、レベル5では、突然、「民族グループが勝手に自分の利害のみを追求し対立を深刻化させていけば、ついには、自分たちそのものの存在を危うくするのだ」と告げられ、学習者は集団帰属と政治的立場性からの脱却を求められる。学習者に言わせれば、レベル4までの「苦労」は何だったのか、ということになるのではなかろうか。

　したがって、藤原の「ひょうたん島問題」の実践提言を、全体として包括的にみると、「複線化型授業」と評価するのは難しい。教師の伝えたい普遍的価値の提示、理想的な未来像の提示で終わる、という、規範収斂的な「一本道」授業となっているのである[44]。本書の観点からは、本実践のレベル4までに限定して、解決が困難なジレンマ状況の中で、学習者が疑似当事者として「複数の未来像」に開かれたコミュニケーションを体験できる点を高く評価したいと考える。

第4節　コミュニケーションの不確実性を体験させる必要

「いくつもの過去」認識が「いくつもの未来」認識を開く

　前々節の最後に述べたように、社会科における「一本道」型授業の根本的問題は、過去や現在を一本道で学習してしまうと、学習者は、未来も一本道であると思い込んでしまうところにある。社会科教育研究の主要な課題は、この問題を克服する新たな社会科教育実践の方途を見出すことにある。前節で検討した諸実践研究は、いずれも、この課題に挑んだものと意義付けることができる。

　しかし、本書で言う「一本道」問題に、もっとも自覚的に取り組んだのは、児玉の歴史授業開発研究であると言えるであろう。

　児玉の提案する「解釈批判学習」および「批判的解釈学習」の端的なねらいは、学習者に、歴史の解釈のレベルと事実のレベルの双方において「潜在する選択肢」に気付かせることにあったと考えられる。その気付きの結果、学習者において、過去が、いわば済んでしまった過去として閉じないこととなる。学習者は、過去の事象について、自分の頭で意味付けたり評価したりしなければならなくなる。このことが、学習者に、現在に潜在する選択肢への気付きを促すこととなる。このようにして、過去〜現在についての歴史の学びが、現在〜未来の選択に生かされる、というのが児玉の提案の主旨であると考えられる。

　このような児玉の問題提起を一言で集約すれば、「いくつもの過去」の認識が「いくつもの未来」の認識を開く、と表現できるであろう。

社会認識者から社会的実践者への飛躍

　しかし、われわれは、「いくつもの未来」についての認識から「一つの未来」を選択し、決定しなければならない。すなわち、社会認識者としてのわれわれは、社会的実践者としてのわれわれでもなければならない。小原の「意思決定」学習は、まさに、この選択、決定の体験を、社会科授業において学習者に保証すべきである、との主張であったとみること

ができる。また、社会認識の育成にこそ社会科の「固有の役割」があるとする児玉の主張と、小原の主張との決定的相違点もここにあった。

　しかし、「社会認識者としてのわれわれ」と、「社会的実践者としてのわれわれ」との間には、ギャップがあり、飛躍がある。「合理的意思決定」能力を育成しようとする小原の実践提案は、このギャップと飛躍を、いわば小さく設定しすぎているのではないかというのが本書の疑問であった。

　意思決定は、常に、合理的には処理できない不確実性の中での決定である。そして、その不確実性は、社会的問題状況においては、主要に、「意思」が一致するとは限らない「他者」が存在する、という事情から発生するものである。社会的問題状況とは、利害、価値、文化の異質性が高く、外部性、対立性が強い他者との関係の中で可能な最善の決定を行い、可能な最善の合意を形成していかねばならない状況である。このような他者性に直面させることが、「意思決定」学習の真骨頂でなければならない。このような他者性への遭遇を回避し、不確実性を狭く設定し過ぎる場合、そのような「意思決定」授業は、大きく見れば「一本道」と大差ないものとなる。

コミュニケーションで変化する未来

　藤原の提案する、仮想の多文化社会状況を設定したロールプレイ型実践は、このような「異質性、外部性、対立性への直面」「他者性への直面」を、多文化化しつつある現代の日本社会を意識しつつ、まさに自覚的にテーマとしたものであった。

　そこには、どのように解決策を策定しても根本的には解きほぐすことができない、複合的な価値のジレンマが存在している。藤原の実践において学習者は、そのような状況の中に、何らかの立場性と利害を持った生活者、社会的実践者として放り込まれる。その中で学習者は、利害の当事者として、他者とのコミュニケーションを通じて（同時に、自己内の他者性とのコミュニケーションを通じて）何らかの最善の問題解決策の合意

を図っていかなければならない。しかし、何が最善かについての出来合いの答えは無論なく、その結果、グループごとのコミュニケーションの相互作用次第で、多様な解決合意、すなわち「いくつもの未来」が出現することとなる。

　学習者は、そのコミュニケーションの当事者として、自分の発言が、人を説得したり、あるいは反発を生んだり、誤解を生んだり、あるいは思わぬ触媒となったり、また単に無視されたり、あるいは巧妙に葬り去られたり、などなどの悲喜こもごものさまざまの体験を持つはずである。場合によっては「脅し」や「取り引き」などの権力発動や政治的駆け引きがなされるかもしれない。その結果としてグループがある結論にたどり着いたとき、各学習者は、その結論に、自分が参加したことの何らかの痕跡を感じるはずである。嬉しい痕跡にしろ、悔しい痕跡にしろ、大きな足跡にしろ、かすかな名残にしろ。

　自己の発言が、コミュニケーションの過程に多かれ少なかれ影響を与え、その結果として未来が変化していく、というこのような体験が、貴重な学習なのである。「社会に参加する」あるいは「政治に参加する」とは、実はこのようなことであるからである。

　このような体験を通じて、学習者の「一本道」的な未来社会観、また、「誰かが決めてくれるであろう未来」という非主体性は、確実に大きな変化を蒙ることになると考えられる。その意味で、藤原の実践における、「いくつもの未来」をめぐるコミュニケーションを一つの普遍的価値・規範のもとに止揚しようとする最終ステージの設定は、いわば「神の視点への逃避」であり「一本道への回帰」に他ならない。

〈イフ〉を導入する２つの授業構成原則

　ここで、以上で検討した３つの（「複線化型授業のタイプ２〜４」の）実践提案に基づいて、社会科授業における「一本道」問題を克服するための授業内容構成の方法を整理すると、どのようになるだろうか。言いかえれば、授業に、何らかの仕方で〈イフ〉を導入することによって社会科

授業を改革しようとする授業内容構成の原則とは、どのようなものだろうか。

それは結局、次のようなA、Bの二つのアプローチに集約できると考えられる。このうちAは、主要に児玉の実践提言、またBは、主要に小原および藤原の実践提言から導き出したものである。

A：歴史・社会過程についての多元的視点と豊かな情報量を備えた教材開発と授業構成によって、学習者に、歴史・社会過程における不確実性や潜在する選択肢に気付かせ、歴史・社会的事実を多面的、批判的に検討させる。それによって、社会の未来のよりよいあり方を構想する思考力や判断力を育成する。

B：授業内に、現実の歴史・社会的問題状況から抽象された、一定の不確実性や未発の可能性をはらむ歴史・社会的状況を構成し、学習者をその中で一つの立場をとる当事者として位置づけ、何らかの意思決定を求め、問題解決をめざさせる。それによって、社会の未来のよりよいあり方をめざす社会的実践に参加しようとする主体性を育成する。

「存在する不確実性」と「実践する不確実性」

授業に〈イフ〉を導入するとは、学習対象とする事実を「起こりえた（起こりうる）事実」の一つとして位置づけ、それを、他のさまざまの「起こりえた（起こりうる）事実」と「平等」な地位に置くことである。このようにして、授業に何らかの「不確実性」の幅を導入することである。

しかし、上記のAとBの二つのアプローチにおいては、不確実性の意味が、次のように異なっている。

まず、Aにおける不確実性とは、歴史・社会の過程は「どうなった（どうなる）かわからない」というものである。いわば、歴史・社会過程の中に常に「存在する不確実性」とも言うべきものであり、学習者が、その存在に気付き認識してほしい不確実性である。

これに対して、Bにおける不確実性とは、歴史・社会過程におけるある状況の一当事者として「どうすればよいかわからない」あるいは「どうなるかはやってみなければわからない」という不確実性である。いわば、社会的行為者が「実践する不確実性」とも言うべきものであり、学習者が、あえてそれに主体的に取り組んでほしい不確実性である。

　この違いを踏まえると、Aは、「歴史・社会過程の不確実性に気付かせることを通じた批判的社会認識形成」のアプローチ、Bは「歴史・社会過程の不確実性に取り組ませることを通じた社会参加の主体性形成」のアプローチ、とそれぞれ呼ぶことができるだろう。

　すでに述べたように、社会科授業がその「一本道」問題を克服する上で、このAタイプの認識・批判的思考重視のアプローチと、Bタイプの実践体験重視のアプローチのどちらが優れているか、どちらが社会科の「固有の役割」であるか、などを議論することは、ナンセンスであるように思われる。

　Aタイプのアプローチは、Bタイプのアプローチに補われて、すなわち、「存在する不確実性」が、学習者において自らが「実践する不確実性」として体験されることによって、より主体的な社会的実践者の育成につながるはずである。

　他方、Bタイプのアプローチは、Aタイプの認識形成重視の教材構成の方法を意識することによって、次のようなメリットを得ることができる。すなわち、学習者に直面させる課題状況の設定において、非現実的な可能性を排除し、また他方で過度の単純化を避け、現実の歴史・社会事象に即した適切な幅を持った不確実性の設定を行うことができるはずである。また、現実の歴史・社会事象から超越した何らかの価値や規範の教示を禁欲することによって、ともすれば「態度主義」「道徳主義」などと指摘されがちな従来の体験的学習組織の弊害を克服することもできるはずである。

　以上のように、Aタイプ、Bタイプのどちらのアプローチとも、社会科の「一本道」授業からの脱却と社会科学習の活性化のために必要なの

である。

現実社会への接近

　しかしながら、以下本書としては、このうち特にBタイプのアプローチを社会科授業の中に取り入れていくことの意義と、そのようなタイプの実践開発の可能性についての考察と提言を行っていきたいと考える。

　その端的な理由は、Bタイプの授業が、従来主流の「一本道」型社会科授業からみると、その対極に位置するものであるからである。Bタイプの授業においては、学習者自身が「道」を開いていく。その結果として、授業は「複線化」していく。このようなBタイプの授業は、従来の「一本道」型社会科授業と適切に組み合わされることによって、きわめて高い教育効果を効率よく発揮することができると考えられる。

　では、その教育効果とは何であろうか。

　Bタイプの授業では、与えられた状況設定の中で、学習者が、どのようにして、どのような「道」を開くかは、まさに授業をやってみなければわからない。すなわち、Bタイプの授業では、授業過程自体が不確実性をはらんだ社会過程となる。こうして、社会科授業は、Bタイプの実践によって、もっとも現実社会に接近し、学習者の将来の現実社会における社会的、政治的実践を「足場掛け」すると考えられる。

　ここまでに検討した諸実践の中で、この意味で、もっとも現実社会に肉薄した実践と評価することができるのは、藤原の「ひょうたん島問題」の実践である（ただし、何度も言うようだが、その最終ステージを除いて、である）。

　藤原の「ひょうたん島」実践は、一見すると、「浮世離れ」したゲームのようにも見える。しかし、この実践が最も現実社会に近いところにあると評価する理由は、ひとつには、藤原実践が、多文化化しつつある日本社会の進行中の問題を取り上げているからである。社会科の授業は、現実問題とかみ合い、学習者の、現在〜未来における判断と選択に生きるものでなければならない。

第1章　社会科における「一本道」型授業の問題　41

　しかし、藤原実践を、現実社会との距離がもっとも近いと評価する主要な理由は、この授業が、学習者の「自発的な」コミュニケーションによって成り立っていることによる。この「自発的」の意味は、二つある。一つは、授業の設定において、学習者が演じる役割は基本的に定義されているが、その役割をどう演じるかは各学習者の自発的な判断に任されている、という意味である。もう一点は、コミュニケーションそのものが、各学習者の自発的な意図や主張の相互作用によって、それ自体「自発的に」展開していく、という意味である。コミュニケーション参加者個々から見ると、個々の意図から独立した、このコミュニケーションそれ自体の自発的展開性が、コミュニケーションの不確実性として意識されるであろう。

　後に第2章でN.ルーマンの理論に基づいて考察するように、このような二重の意味で自発的に展開するコミュニケーションが、社会過程そのものなのである。社会的実践とは、このようなコミュニケーションに参加することに他ならない。したがって、社会的実践者が「実践する不確実性」とは、本質的には、このようなコミュニケーションにおける不確実性、あるいはリスクに他ならない。本書が藤原実践をもっとも現実社会に近いと評価する理由は、この実践において、学習者が、このようなコミュニケーションの不確実性やリスクの中で、何とか合意を形成しようとするところにある。

　したがって、Bタイプの授業のエッセンスは、そこで、学習者がコミュニケーションにおいて「実践する不確実性」の体験をもつことにあると言える。学習者が、このような不確実性のなかで何とかコミュニケーションを推進・展開し、何らかの決定なり合意なりに到達しようとする体験をもつような実践において、社会科授業は、もっとも現実の社会や現実の政治に接近するものとなると考える。このような実践の中で、自分たちの社会の未来は、コミュニケーションを通じて、自分たちで何とかして形成していくしかないことが、学習者に実感されるであろう。

注

1 このような必然史観のいわば「王者」は、かつて知的世界を席巻したマルクス主義の歴史観（史的唯物論）であり、日本の社会科教育にも絶大な影響力をふるった。この歴史観に対して、つとに原理的批判を行ったものとして、K. ポパー、久野収・市井三郎訳『歴史主義の貧困』中央公論社、1961 年、がある。

　社会科における必然史観的授業を問題とした近年の社会科教育研究では、もっとも体系的な論考として児玉康弘『中等歴史教育内容開発研究』風間書房、2005 年、を挙げることができる。この児玉の論考に関しては、本章第 3 節において検討する。

2 「問題→解決」型の構成を持つ社会科授業は、多くの場合、問題解決を行った人物の行為の理解（共感）を通じて、ある社会的価値の学習を行うことにもなっている。社会的事実について検討する学習を通じて、平和、人権、自由、平等、民主主義などの社会的に重要な価値についての学習を行うことは社会科教育の重要な役割である。しかし、扱われる社会的事実が「一本道」的必然性で語られる度合いに応じて、価値注入的な意味での「一本道」授業ともなる、という問題があるといえる。この問題については、磯辺剛司『小学校社会科歴史的分野　多面的な見方を育てる人物学習の研究―小学校の近現代史教育を事例として―』兵庫教育大学大学院学位論文、2003 年、また、道徳的価値を扱う道徳授業について批判的に考察した論考として、宇佐美寛『道徳授業批判』明治図書、1974 年、を参照。

3 2015（平成 27）年 6 月 17 日実施。投票率 66.83％。「大阪都構想」に賛成が 49.6％（694,844 票）、反対が 50.4％（705,585 票）という結果となった（6 月 18 日付各紙朝刊より）。

4 C. ムフ（編）・J. デリダ・R. ローティ・S. クリッチリー・E. ラクラウ、青木隆嘉訳『脱構築とプラグマティズム――来たるべき民主主義』法政大学出版局、2002 年、p.162。

5 同書、p.165。

6 原題 "Thirteen Days"。2000 年アメリカで公開、日本での公開は 2001 年。

7 阪本拓人・保城広至・山影進『ホワイトハウスのキューバ危機』書籍工房早山、2012 年。

8 同書、p.11。

9 従来の歴史研究がもつ基本的な論理形式については、P. リクール、久米博訳『解釈の革新』白水社、1985 年、また A. ダント、河本英夫訳『物語としての歴史』国文社、1989 年、などを参照。

10 〈イフ〉思考（反事実的条件命題）の科学的思考への寄与をより積極的に評価する科学哲学の論考においても、現に発生しただけの事実からの帰納では一般

化命題(法則)を支えることができない、という点にその機能を認めるものである。すなわち、〈イフ〉が評価されるのは、必然性の認識を強化するという機能においてであり、必然性の認識を再検討するという意義においてではない。K. ランベルト・G.G. ブリタン、吉田夏彦・藤川吉美訳『科学哲学入門』培風館、1981 年、を参照。

11　研究の技法、あるいは教育方法としてのゲーミングシミュレーションの意義とその活用に関しては、さしあたり以下の 3 冊を重要文献として挙げておきたい。R.D. デューク、中村美枝子・市川新訳『ゲーミングシミュレーション　未来との対話』アスキー、2001 年、新井潔・出口弘・兼田敏之・河東博俊・中村美枝子『ゲーミングシミュレーション』日科技連、1998 年、井門正美『社会科における役割体験学習論の構想』NSK 出版、2002 年。

12　たとえば、経済学における「経済人」モデル、M. ウェーバーによる「目的合理的行為」「価値合理的行為」モデル、それを継承・統合した T. パーソンズの「社会的行為の構造」モデルなどをあげることができる。また、キューバ危機を分析した G. アリソンの「合理的行為者モデル」(『決定の本質』宮里政玄訳、中央公論社、1977 年)もその一つである。

13　たとえば、J. ハーバーマスの規範的コミュニケーション理論がある。近年の民主主義論における「熟議」論などもこの範疇に入れることができる。また、戦略論や経営学などにおいて、さまざまな合理的意思決定のモデルや方法論がある。

14　阪本ら前掲書(注 7)第 2 章は、キューバ危機に関する古典的分析として知られるアリソン『決定の本質』(注 12 参照)が提示した、〈なぜアメリカはキューバ侵攻でなく海上封鎖で危機に対処しようとしたのか〉を説明する 3 つのモデルのうち、①合理的行為者モデルのみならず、②組織過程モデル、③政府内政治モデルの二者についても説明に失敗しているとし、組織や集団が何らかの一定のアルゴリズムやメカニズムを通じて問題を処理したと想定するモデルの限界を指摘している。

15　自然科学の説明モデルを歴史・社会事象に適用し、説明と予測の対称性を強調した C. ヘンペルの「カバーリング・ロー・モデル(被覆法則モデル)」がその典型である。

16　阪本ら前掲書(注 7)、p.11。

17　①片上宗二『オープンエンド化による社会科授業の創造』明治図書、1995 年、および②片上宗二『「社会研究科」による社会科授業の革新—社会科授業の現在、過去、未来—』風間書房、2011 年、参照。

18　引用箇所はすべて注 17 ②の書、p.67、原文の傍点は略した。

19　吉川幸男・山口社会科実践研究会『「差異の思考」で変わる社会科の授業』明治図書、2002 年。

20 引用箇所はすべて同書、p.10。
21 小原友行「社会科における意思決定」、社会認識教育学会編『社会科教育ハンドブック』明治図書、1994年、pp.167-176。
22 同書、p.168、（ ）内原文。
23 同書、pp.168-169、（ ）内原文。
24 同書、p.172。
25 同書、p.174。
26 同書、p.175。
27 引用箇所はすべて同書、p.175。
28 同書、pp.175-176。
29 ただし、歴史上の実際の選択の事実を示した上での、「日本はどうして攘夷ではなく開国の道を選んだのか」という考察課題の設定については、実際の「事実」と「起こりえた事実」の比較考察、という「タイプ2」の学習組織とみることができる。
30 児玉康弘前掲書（注1）、p.2。
31 同書、p.18。
32 同書、p.28、（ ）内引用者補記。
33 同書、p.287。
34 同書、p.36。
35 同書、p.280。
36 同書、p.281。
37 藤原孝章『シミュレーション教材「ひょうたん島問題」』明石書店、2008年。
38 同書、p.94。
39 同書、p.104。
40 R.デューク前掲書（注11）、p.62。
41 同書、pp.61-62。
42 同書、p.104。
43 「機械仕掛けの神」――最後に機械仕掛けの神の人形が登場して問題を一挙に解決してしまう、という安易な劇の構成を皮肉る言葉。
44 ただし、藤原の授業提案における、ここで指摘する価値注入的な「一本道」性の問題は、注2において述べたような、社会的事実が「一本道」的必然性で語られることにともなって生じる価値注入性の問題とは性格が異なる。藤原の授業構成は、4つの基本的価値立場の設定など、現実の問題構造の複雑性を保って適切に構成されたものといえる。また、ディスカッションにおいて参加者の出す結論は自由度が保障され、実際に複数の結論が出されている。にもかかわらず、授業では最終的に、そのような社会的状況の中での論争を一挙に止揚する価値が提示される。この根底には、「争うことの否定」という基本的価値志向

がみてとれる。この基本的価値志向が、藤原の授業提案の、全体としての「一本道」性を生んでいると考えられる。この問題については、本書第3章注20、および第4章注6をも参照。

第2章

社会科授業にリスクテーキングなコミュニケーション体験を

第1節　社会認識の育成と社会的実践力の育成

正解のない問いに答えを見出す力

　もう四半世紀前となる。1990年前後の国際社会における冷戦の終焉、また国内でのバブル経済の崩壊に象徴される戦後型経済成長体制の終焉は、第二次大戦後の国際・国内秩序を構成すると考えられてきた基本的枠組みを解体させ、日本を含む国際社会は大きな変動の時代に突入した。

　このような大規模な社会変動と不確実性の増大に呼応するようなタイミングで、1989（平成元）年に公示された学習指導要領は、「自ら学ぶ意欲」「社会の変化に主体的に対応できる能力」の育成を打ち出ている。この指導要領改訂は、今日、新聞など一般には「ゆとり教育」本格スタートとして言及されることが多く、批判も多い。しかし、この改訂は、戦後以来のわが国の学校教育のあり方全体を根本的に変化させた重要な改訂であった。その変化とは、端的にまとめれば、〈何らかの正解を伝達し修得させる〉という教育目標観から、〈正解のない問いに対する答えを、的確な情報収集、合理的な思考・判断、および民主的な討議を経て見出す力を育成する〉という教育目標観への根本的なシフトである、と表現することができる。

　社会科教育でも、この四半世紀の間、授業に複数の社会的当事者の利害、主張、価値の対立を積極的に導入し、それら〈正解のない問い〉を

めぐる学習者間の話し合いや討論を設定し、それを通じて、異質な他者に対する理解力の育成、意思決定や合意形成の能力の育成、またそれらの能力に必然的に伴うべきコミュニケーション能力や情報・知識活用能力の育成をめざす、さまざまの理論的・実践的試行が重ねられてきている。

　もともと社会科は、発足当初から、〈社会に関する認識者であるだけでなく、社会的実践者でもあるような「公民的資質」を備えた民主社会の形成者を育成する〉という目標観に立つ教科である[1]。しかし、冷戦後の、言いかえれば平成の社会科は、国内外の大規模な変動に呼応して、そのような状況に対応しうる社会的実践力の育成を、教科目標として改めて強く意識してきている、ということができる。

社会への参加とはコミュニケーションへの参加である

　しかし、複数の社会的当事者間の対立を導入し、それについての学習者間のコミュニケーション——たとえばディベート——を組織するような社会科授業において、上述のような、〈社会に関する認識者であるだけでなく、社会的実践者でもあるような〉学習者の育成が教科目標として明確に自覚されているかどうかは、また別問題である。

　たとえば、社会科におけるディベートの教育的効用について、松尾正幸の次のような主張がある（下線は引用者）。「ディベートは、幅広い社会的見方や考え方の育成を保証する最適の学習法ではなかろうか。論題について、同じグループの人達はどう考えるのか、対立する相手方はどう考えるのか、さらに、自分が審判団の一員として参加することにより、多くの人々の社会的見方や考え方に接し、<u>論理の構築、情報や証拠の提示の優劣を学び、説得力の観点から吟味を要求される。討論という言葉を介した勝負に勝ちたいという動機が強烈な学習意欲となり</u>、論争問題への幅広い知識や社会的見方・考え方の修得を保証し、その結果、『社会がよくわかる』生徒や児童をつくりだすのである」[2]。

　この主張において、社会科ディベートの教育的効用について、二つの

異なるカテゴリーの主張が区別されずに混在しているように思われる。

　まず、下線を引いていない箇所の議論は、「社会がよくわかる」という効用論として包括できる内容であろう。すなわち、社会的事象の複雑性や社会的立場の多様性やその相互の対立などの、社会における事実についての認識、すなわち社会認識の育成というディベート効用論である。他方で、特に下線を付した箇所における効用論は、より説得的な議論を構築し、討論において優位を占めようとするコミュニケーション能力や意欲の育成を主張していると考えられる。すなわち、社会的実践力の育成というディベート効用論とみることができる。ただ、全体としてこの引用箇所では、社会認識の育成という効用論が社会的実践力の育成という効用論よりも優位に置かれているように感じられる。

　この社会認識の育成と社会的実践力の育成とは、言うまでもなく、どちらも必要かつ重要な社会科の教科目標である。本書は、この二つの目標観の優劣や優先順位を考察しようとするものではない。また、この認識と実践という二つの要素がどう関係し合っているかという考察も、さしあたり筆者の手に余る課題である。

　本章では、今日の社会科において、社会事象に関するコミュニケーションの実践を通じた社会的実践者の育成が、社会認識の育成とは独立した、それ自体一個の社会科の教科目標として意識的に掲げられるべきであることを主張したい。なぜなら、社会とは、本質的に、人々のコミュニケーションの実践から生成される動的過程である、と考えられるからである。

　このような、言語やコミュニケーションに立脚した社会のとらえ方、すなわち社会構成主義と呼ばれる立場に立つ社会論は、今日、哲学や社会学などを始めとして幅広い展開を見せている[3]。本章では、それらの中でも、もっとも徹底した社会構成主義の立場に立つ一人として、N. ルーマンの社会理論に着目する。

　ルーマンは、われわれが日常生活において営むコミュニケーションがはらむ根本的な不確実性に光を当てる。ルーマンにとってコミュニケーションとは、いわば相手のある、やってみなければわからない本質的に

不確実性を帯びた営みであり、原理的にリスクをはらむ営みである。しかもルーマンは、社会（社会システム）を、人間個々人から構成されるものとしてではなく、上述のような不確実性を帯びたコミュニケーションによって生成されるものとして把握している。したがって、ルーマンにとって社会とは、本質的に不確実でリスクをはらんだコミュニケーション過程であり、われわれが社会に参加するとは、すなわちコミュニケーションに参加することに他ならない。

　このようなルーマンの社会理論を踏まえると、とくに不確実性と変動の時代である今日、社会科教育が追求すべき社会的実践者の育成とは、端的に、社会事象に関するリスクテーキングなコミュニケーションの実践者の育成と言えるのではないかと考える。

　以下本章では、まず、ルーマンのコミュニケーション論とリスク論に関する概観と、それが社会科授業に対してもつ示唆に関する考察を行い、社会科（正確には公民科「現代社会」）授業実践の事例として、国際平和学習の実践例を取り上げ検討した上で、今日の社会科には、社会認識の育成という課題とともに、社会事象に関するリスクテーキングなコミュニケーションの実践者の育成という課題を独立の教科目標として意識的に掲げ、これら両課題をバランスよく追求する授業設計が望まれることを主張したい。

第2節　ルーマンのコミュニケーション論

やってみなければわからない

　われわれは時々、「それは相手のある話だ」という言い方をすることがある。

　筆者自身の例でいえば、家族で親戚の家を訪問することにし、その計画で話が盛り上がったのはいいが、ふと気付くと先方にまだ問い合わせもしていないという場合や、大学で学部改組を行うこととなり、新組織に関してさんざん討議の末やっと合意案に達したのはいいが、まだ文科

省や設置審に伺いを立てていないという場合などが思い当たる。

　いずれの場合も、こちらの要望に対して外部の誰かが肯定的に応じてくれるかどうかが未確定または不確実という状況であり、こちらの要望を表明し、相手にその実現のための合意や協力を要請するコミュニケーションが成功するか失敗するかは、やってみなければわからない。そのようなとき、われわれはしばしば冒頭の台詞を吐くように思われる。

　考えてみれば、このようなコミュニケーションの成否に関する不確実性は、上のような、こちらの何らかの要望事項を相手が呑むかどうか不確実という事例に限らず、そもそもわれわれが日常、他者と行っているすべてのコミュニケーションについてまわるものではないかと考えられる。こちらの発言が、相手の意外な反応や思わぬ解釈のされ方に遭遇する不愉快でもどかしい体験、場合によっては痛快で新鮮な体験は、日常茶飯の出来事であろう。

　コミュニケーションとは、言ってみれば当たり前ではあるが、常に「相手のある話」である。こちらの発言が相手にどう解釈されるか、相手がこちらの期待する返答を行ってくれるかは、いかに事前に慎重な検討を経てコミュニケーションに臨んだとしても、結局のところ、やってみなければわからない。しかもこのことは、相手においてもまた同様なのである。

コミュニケーションの二重の不確実性

　このような、われわれが社会生活において営む日常的なコミュニケーションがはらむ本質的な不確実性に光を当てたのが、ルーマンの理論である。

　通常、コミュニケーションを行うのはわれわれ人間である、と私たちは考えている。また、コミュニケーションを交わし合いながら人間は社会を構成している、と私たちは考えている。ところが、「社会的なものは、ルーマンによれば、人間からなっているのではなく、コミュニケーションからなっている。（略）しかも、人間はコミュニケーションの起動

者とはみなされない。ルーマンによれば、コミュニケーションは人間の行為の結果ではなく、社会システムの産物である。『人間はコミュニケートすることはできない。コミュニケーションだけがコミュニケートしうるのである』」[4]。

　この、「コミュニケーションだけがコミュニケートしうる」というルーマンの不思議な主張の意味は何だろうか。ルーマンは、コミュニケーションするわれわれ個々人の意識や思考（ルーマンは「心的システム」と呼ぶ）の過程と、われわれが行っているコミュニケーションの過程とを区別している。というのも、われわれは、どんなに濃密なコミュニケーションを交わそうとも、互いの心の中を直接知ることはできないからである。コミュニケーションする個人の意識とコミュニケーションそのものとは、別次元の出来事である。コミュニケーションそのものは、われわれ個々の思いとは別のところで、それ自体で「話がはずむ」ことがあったり、「売り言葉に買い言葉」で険悪化したりする。このようにコミュニケーションとは、それ自体がいわば一種独特の生き物である。これが、「人間はコミュニケートすることはできない。コミュニケーションだけがコミュニケートしうる」ということの意味である。

　このようにルーマンは、コミュニケーションをひとつの自足的な「システム」（ルーマンは「オートポイエーシス」すなわち自己生成性とも呼ぶ）としてとらえ、このコミュニケーション・システムが社会（社会システム）を生成していくと考える。ルーマンは、社会の構成単位を人間個々人（または個々人の意識や行為）とは考えない。社会はコミュニケーションからなっている、とルーマンは考えている。これが、「社会的なものは、ルーマンによれば、人間からなっているのではなく、コミュニケーションからなっている」という先ほどの引用部分の意味である。

　ルーマンのいうこのようなコミュニケーションは、「合意に向かって進むハーバーマス的なコミュニケーションとはちがって、『二重の偶有性』（double contingency）という大問題を明らかにしていく」[5]。（この「二重の偶有性」は、訳書、研究書によっては「二重の偶発性」または「二重の不確実性」

などとされる。本書では、引用箇所を除いて「二重の不確実性」で統一する。)

　二重の不確実性とは、「私の行為とあなたの行為の循環的な依存関係である。いいかえるなら、それは〈どちらも相手の出方によって自分の態度を決めようと考えている状態〉であり、〈どちらも私の言葉、行為を相手は誤解するかもしれないと思っている〉状態である」[6]。前項で述べたように、コミュニケーションには「相手がある」。こちらの発言を相手はどう受け取るかわからない。よって、どう発言すればよいかもわからない。この疑心暗鬼と不安は、相手も同様である。

　この二重の不確実性の問題は、そもそも人間間にコミュニケーションがなぜ成立し、相互理解とか合意とか秩序といったものがどうして成立しうるのか、と思わせるに十分な根源的な問題である。

　ルーマンの論争相手であったJ. ハーバーマス、および両者の先輩で「二重の不確実性」概念のそもそもの提唱者であったT. パーソンズはそれぞれ、この問題の解決をカント的理性による相互了解(ハーバーマス)、あるいは基本的な価値・規範の共有(パーソンズ)に求めた[7]。ルーマンは、これらの解決法を批判する。ひとは、コミュニケーションにおいて、常に相手に同意しないことが可能であるからだ[8]、というのが、その理由である。

　コミュニケーションにおける合意や一致を想定あるいは志向する先行の諸理論[9]と異なり、ルーマンは、「二重の不確実性」問題に対して、あまりにも不確実性が高くコミュニケーションがそもそも成立しないような状況を回避する、社会的に共有された道具立ての存在を指摘する。

　過剰な不確実性の縮減とコミュニケーションの成立を可能にするものとして、ルーマンは、経済活動の文脈における貨幣、政治活動の文脈における権力、また学術活動の文脈における真理などの、各文脈におけるコミュニケーションを媒介する「メディア」、および、各文脈において意味の尺度となる二項的な「コード」(貨幣を所有している/いない、権力を保持している/いない、真理に到達している/いない、など)と、それらによる相互の「信頼」の形成を挙げている[10]。しかし、ルーマンは、これら

がコミュニケーションにおける不確実性を縮減することはできても、それをゼロにすることは原理的に不可能である、という。

ルーマンにとって、コミュニケーション過程とそれによって生成される社会過程とは、そのゆくえが本質的に予測不可能で不確実性を帯びたものである。

不確実性ゆえのコミュニケーション

このようなルーマンのコミュニケーション過程の理解は、社会的対立状況をめぐる学習者のコミュニケーションを組織しようとする社会科教育に対して、次のような興味深い問題を投げかける。

社会科が扱う社会的対立状況は、社会的当事者の立場性とその利害の対立、何が正義か、何が幸福かなどをめぐる価値の対立、さらに社会過程の未来に関する不確実性などが、その対立の基本部分にある。したがってそれらは、客観的データや既存の科学研究の成果や、それらに基づく合理的な推論や合理的な討議によっては、最終的に決着がつかないものである。つまり、ルーマンのいう「真理」という学術コミュニケーションの「メディア」や「コード」によっては原理的には決着がつかない問題、不確実性をゼロにすることができない問題こそ、まさに社会科が扱う問題なのである。

では、このような客観的正しさの争いに回収できない社会的対立をめぐる、社会科授業における学習者のコミュニケーション（話し合いや討論・ディベートなど）は、なぜ成立するのだろうか。学習者は、客観的に解明不可能な不確実性の前に尻込みしないのであろうか。

ルーマンは次のように述べる。コミュニケーション・システムの生成（つまりコミュニケーションの成立）にとって「すでに定まっている価値合意がある必要はない。二重の偶発性という問題（すなわち、空虚な閉じられた規定不可能な自己言及）はまさに偶然を吸収し、自己言及は偶然に対して敏感になり、そして価値合意が存在しなくても、ひとはそれを発明するであろう。たとえ神がいなくても、システムは生成する」[11]。

第2章　社会科授業にリスクテーキングなコミュニケーション体験を　55

　すなわち、利害、価値や、何らかの不確実な事象についての主張は、まさにそれが賛成されるか反対されるかわからない（そもそも理解されるかもわからない）という不確実性があるからこそ、情熱をもって主張されるのである。逆に言えば、ひとは、確実に真理であるとわかっていることがらや、確実に同意されるとわかっていることがらについて熱心に語り合おうとはしないであろう。われわれは、相手の答えがわからないとき、また、相手が簡単に理解したり同意したりしてくれそうにないときこそ「自己言及は偶然に対して敏感になり」、ともかく自分から何か話を切り出してコミュニケーションを試みようとする。

　このようにみてくると、コミュニケーションにおける二重の不確実性は、コミュニケーションを不可能にするどころか、むしろコミュニケーションを成立させ、活性化させる条件であることがわかる。

リスクを意欲に変換する

　ただし、この「条件」とは、あくまで必要条件であって十分条件ではない。すなわち、社会における合理的に裁定できない複数の利害や価値の存在、あるいは社会過程の不確実性の存在は、それらについての学習者のコミュニケーションを活性化させる条件である一方で、学習者にコミュニケーションのリスクを感じさせ、「尻込み」させ、沈黙させてしまう要因となりうることも、また確かであろう。社会科授業において学習者に、この後者ではなく、どのようにして前者を実現させるか。コミュニケーションのリスクを、どのようにしてコミュニケーションの意欲に変換していくか。実は、このことこそが、社会事象をめぐって学習者間のコミュニケーションを組織する社会科授業の成否を左右する、もっとも大きな方法上の課題であると言える。

　この問いに対する、本書の現時点での暫定的な答えは、次のようなものである。

　まず、授業で、「意見の違う相手がいて、しかも、この相手ととにかく関わっていかざるを得ないという状況に学習者を置く」というもので

ある。つまり、学習者に、誰かに向かってともかく何か話し始めさせる、というものである。

　もうひとつは、「意見の違う相手とのコミュニケーションにおいて、学習者に準拠させるルールやめざさせる目標を、何らかの明快な『メディア』ないし『コード』(たとえば、勝／敗、あるいは合意への到達／失敗、など)によって明確化し、過剰な不確実性(たとえば、こんなことを言えば相手はどう思うだろうか、こんなことを言えば教師は私をどう評価するだろうか、などという不安)を縮減する」というものである。つまり、学習者が何をすればよいのか、何をめざせばよいのかをはっきりさせ、余計なことを意識させず委縮させない、というものである。特に、このようなコミュニケーションのルールや目的を、教師からは独立の、いわば「法の支配」のような状況としてつくり出すことが重要である。

　後にみるように、ディベートは、この両方の条件を満たした、学習者のコミュニケーションを活性化させる一つの工夫である。

　コミュニケーションの不確実性の問題は、このように、コミュニケーションにおけるリスクの問題と不即不離の関係にある。そこで次節では、ルーマンのリスクに関する主張を見てみたい。

第3節　ルーマンのリスク論

「存在するリスク」と「とるリスク」

　近年、社会諸科学、人間諸科学、自然諸科学、数理・情報諸科学などを横断して、不確実性やリスクに関する研究への関心の高まりがみられる[12]。そのような中で、ルーマンのリスク論は一風変わっている。

　通常、多くのリスク研究において、「リスク」とは「安全」と対置される。「たとえば安全工学の分野でなされているのは、絶対的安全などありえないという想定のもとで、このリスクの概念を利用しつつ測定と計算によってできるだけ安全を目指す努力でありまたその算定を精緻化する試みである」[13]。すなわち、通常多くの場合のリスク概念とは、社会、組織、

または個人の未来において、それらにとっての環境の状態も含めて潜在、伏在している損害、害悪であり、したがってその対概念は、未来における安全である。ルーマンも、リスク／安全というこの通常のリスク概念の意義を当然否定しない。

しかし、ルーマンは、もうひとつ重要な区別があるとする。それはリスク／危険という区別である。

この区別は、不確実な将来についてのリスクを予測したり算定したり説明したりしているある人物が、そのリスクを次のどちらのものとして把握しているか、についての区別である。「一つは、未来の損害の可能性が、みずからでおこなった『決定』の帰結とみなされ」[14]ている場合であり、この場合、その人物にとって予測される損害は「リスク」である。「もう一つは、そのような未来の損害の可能性が、自分以外の誰かや何か（社会システムをも含む）によって引き起こされたものだとみなされ」[15]ている場合であり、この場合、その人物にとって予測される損害は「危険」である。すなわち、ルーマンのリスク／危険という区別は、「そのリスクをとりに行くかどうかの判断を能動的に下す人と、その判断を自らできずに、あるいはあえて決定せずに、その判断の結果を受け取るだけの人の間の違いを取り出すものである」[16]。

このように、通常の「リスク／安全」図式におけるリスクとは、外界や未来のどこかに潜在、伏在する、つまり客観的可能性や確率として存在する損害であるのに対して、ルーマンの提唱する「リスク／危険」図式におけるリスクとは、われわれが外界や未来のどこかに認知・予期した損害であり、しかもそれは、われわれ自身の意思決定と行動の結果として、「われわれ自身の関わり方によってわれわれ自身にその結果がはねかえってくる動的なもの」[17]としてわれわれに意識されている損害である。

簡単に言うと、われわれは、柿の実を取ろうとする（意思決定する）から木に登り、木から落ちるかもしれないというというリスクを冒す。柿を取ろうとしなければ、木から落ちるリスクも生じない。しかし、柿を

取ろうとしなければ、今度は、飢えというリスクに直面するかもしれない。

このようなルーマンのリスク概念と従来のリスク概念とをきわめて単純化して対比すれば、従来のリスク概念は、われわれの外界のどこかに、われわれの行動とは独立に「存在するリスク」、ルーマンのリスク概念は、誰かがあえて「取るリスク」と表現することができるであろう。(あるいは、すでに顕在化した損害については、その責任や原因性を「引き受けるリスク」と表現することが適切な場合もあろう。)

本書は第1章で、社会過程が「どうなるかわからない」という「存在する不確実性」と、社会過程における当事者として「どうすればよいかわからない」あるいは「どうなるかはやってみなければわからない」という「実践する不確実性」の区別を行った。ここでの、ルーマンのリスク論に即した「存在するリスク」と「取るリスク」の区別は、これらと対応するものである。「不確実性」の概念を、望ましい未来の実現の不確実性ととらえれば、それは「リスク」概念と等しいからである。

自己言及的コミュニケーション

ルーマンの、このような「取る」ものとしてのリスク論と、先に見た、二重の不確実性の中で営まれるコミュニケーションというコミュニケーション論とを重ね合わせると、ルーマンにとって、賛成してくれるか反論してくるか、どう反応するかがわからない相手とのコミュニケーション(の開始、継続)とは、すなわちリスクを取ること、リスクテーキングに他ならない、ということがわかる。すべてコミュニケーションとは、常にリスクテーキングな営みである。

ところで、コミュニケーションを、その話題で区別すれば、大きく二つの種類がある。一つは、外界のあり方についての会話(たとえば、明日の天気についての会話)、もうひとつは、自分たちのあり方についての会話(たとえば、明日一緒に出かけるかどうかの相談)である。この後者を、ルーマンは、システムの(すなわちコミュニケーションの)「自己言及」と呼んで

いる[18]。ここで、先に行った「リスク」概念についての区別を導入すると、外界についてのコミュニケーションは、「存在するリスク」についての客観的コミュニケーション、自分たち自身についてのコミュニケーションは、「取るリスク」についての自己言及的コミュニケーションであると言うことができる。

たとえば、われわれは、「明日は雨になりそうですね」などと挨拶代わりに他者に語りかける。この場合であっても、われわれは、相手が「そうですかね」などと非協調的に応じてくるかもしれないというコミュニケーション上のリスクを冒している。だからこそわれわれは、天気とか、あるいは景気のような共通の関心事、つまり、誰にとっても気になるであろう客観的な「存在するリスク」を話題に選び、しかも、それについて相手が同意するであろう内容の発言を選んで、コミュニケーションの、とくにその開始上のリスクをできるだけ縮減しようとする。

しかし、われわれが学校の職場で明日の遠足の実施如何を話し合う時に、誰かが「明日は雨になりそうですね」と言ったとすると、この発言を「挨拶代わり」と取る人は無論いないし、明日の天気における「存在するリスク」に関する単なる客観的発言と取る人もいない。それは、明日のわれわれの遠足は中止すべきではなかろうか、という自己言及的な判断の表明として受け取られるであろう。それに対して、「いや、何とかもつんじゃないですか」などと反論する人も出てきうる。この両者が行っているのは、まず、必ずしも同意しない相手がいるような発言をするというコミュニケーション上のリスクテーキングである。しかし、この両者が取っているリスクは、それだけにはとどまらない。両者は、遠足に関して、それを中止しようとする、あるいは実施しようとする、という社会的実践上のリスク、社会的意思決定に関わるリスクを取っているのである。

「明日の天気」それ自体は、明日出かけるつもりのない人にとっては、単なる自然事象であり、せいぜい挨拶の話題である。しかし、それが、明日の「遠足」を左右するとなれば、それはすなわち、当事者にとって

社会事象である。別の例としては、「大気中の二酸化炭素濃度」それ自体は自然事象であると言えるが、地球温暖化が人類共通の課題として意識される今日、それを社会事象であると考えない人はいないであろう。また別の、ある意味で逆の例として、「株価の変動」は、誰が見ても社会事象と思われるかもしれないが、株の投資や経済活動にまったく無関心な人から見れば、ほとんど自然事象と大差はない。あるいは、単なる人ごとである。

社会事象とは、このように、それが何であれ、コミュニケーション当事者にとって「人ごと」ではない事象である。したがって、社会事象に関するコミュニケーションとは、このような「人ごと」ではない事象についての話し合いを通じた、自分たちのあり方についての模索や問い直しであり、本質的に自己言及的コミュニケーションという特質をもつ。

ここで重要なのは、社会事象に関するコミュニケーションにおいては、その事象に関する会話におけるわれわれのコミュニケーション上のリスクテーキングは、その事象に対するわれわれの実践的リスクテーキングと溶け合い、区別できない、という点である。事象がどうであるか、どうなりそうかについての発言は、常に、われわれはどうすべきであるかについての発言として解釈される。このように、「存在するリスク」の会話は、どうしても「取るリスク」の会話となり、両者は区別できなくなるのである。

社会事象に関するコミュニケーションとは政治的実践である

より社会科授業に引きつけた例として、たとえば、授業において、「TPP参加は日本の農業を滅ぼすか否か」をめぐる学習者の討論を組織したとする。この討論において、TPP参加が日本の農業に対してもつリスクは小さい（あるいは大きい）と主張する学習者は、どちらも、他者の同意が得られるかどうかわからない主張を行うというコミュニケーション上のリスクを取っている。だから、各論者は、TPPが日本の農業に与えそうな「存在するリスク」や、あるいはTPP交渉各国の主張や説得可能性な

どに関する客観的で信頼できるデータや論拠を示して、主張が同意される可能性を増やし、コミュニケーション上のリスクをできるだけ縮減しようとする。また、この点が討論授業においては重要な指導事項となる。

　しかし、この討論において学習者が取っているリスクは、このような、コミュニケーション上のものにとどまらないのである。

　TPP参加が日本の農業に対してもつリスクが小さい（あるいは大きい）という主張をすることは、農業以外のリスク面をいま捨象するなら、TPPに参加しよう（あるいは、するのはやめよう）という主張をすることと実は等価である。したがって、結局、その主張者は、TPPに参加しようとする（あるいは参加しようとしない）という社会的実践上のリスクを取っているのである。そして、客観的資料は、この実践上のリスクを可能な限り縮減し、可能な限り多くの聞き手をその実践に賛同させ参加させようとするためのものである。

　このように、社会事象に関してある主張を論証する論者は、数学や自然科学における論証以上のことを行っている。すなわち、その主張の客観性や同意可能性を増やすというだけではなく、その主張に賛同させ、自己の実践に相手を引きずり込もうとしているのである。この意味で、社会事象に関してある主張をする、論証を行う、とは、政治的実践に他ならない。

　先のような討論の結果、クラスとして最終的に、TPP参加が日本の農業に対してもつリスクは小さい（あるいは大きい）という結論を出したとすると、今度はこのクラス全体として、TPP参加（あるいは不参加）という社会的意思決定、政治的意思決定のリスクを取っていることになる。

　このように、社会的実践の当事者に視点を置くルーマンの「取るリスク」論にとって、何らかの社会事象に関してある主張をするというコミュニケーション上のリスクテーキングは、その事象に関する客観的で「人ごと」的な判断の表明にとどまるものではなく、その事象に対して、あえて、ある働きかけや取り組みを行おう（あるいは、行うまい）とする社会的、政治的実践上のリスクテーキングをも意味するものである。

中学生の議論と国連の議論

　このような意味で、ルーマンは、社会はコミュニケーションからなっている、と考えている。ある社会事象に関するコミュニケーションを行うことが、それ自体いわば「火中の栗を拾うこと」、すなわちその社会事象の当事者となることそのものなのである。この直前の一文の冒頭に「社会科授業で」の一句を挿入すると、社会科授業において学習者のコミュニケーションを組織することの根本的な意義がみえてくるはずである。

　たとえば、ある民族紛争の解決方法に関して、日本のある中学校の教室で交わされる議論と、ニューヨークのある建物（ひとが国連本部と呼ぶ建物）の一室で交わされる議論との間に、その紛争の解決に取り組むコミュニケーションであるという点において、本質的な差はない。さらに言えば、後者の議論の結論が、前者の議論の結論よりもましであるという原理的な保証もない！のである。

　もちろん、社会科など学校教育におけるコミュニケーション過程が、「大人社会の」コミュニケーションと社会的意思決定に伴う権限と責任を解除された試行的・訓練的な過（課）程であるべきであることは、言うまでもない。だからこそ、社会科授業においては、このようなコミュニケーションを仮想的に行いうる環境を設定する必要がある。そのような中で、学習者に、コミュニケーションや意思決定に「失敗」させることもできる。

　しかしながら、不確実性に対するリスクテーキングな投企であるという点においては、このような社会科授業における学習者間のコミュニケーションは、それ自体、オーセンティックな（「本物」の）社会的実践・政治的実践そのものであり、あるいは、そのような社会全体の取り組みの一角を構成しているのである。

第4節　リスクテーキングなコミュニケーションの実践者育成という目標意識の必要

ディベートの勝敗は動機付けにとどまるか

　リスクという概念を用いると、社会科授業における、社会的対立や社会の未来の不確実性をめぐる学習者間のコミュニケーションとは、実は、何らかのリスクをめぐるコミュニケーションであるとみることができる。

　ただし、何らかのリスクについてコミュニケーションする社会科授業が、常に自己言及的なコミュニケーションとなるとは限らない。社会科授業で扱われるリスクを、学習者が、どこか外界に、自分たちと独立に「存在するリスク」ととらえ、リスクの観察者・認識者となるだけではなく、それを、自分たちが「取るリスク」としてとらえ、学習者がリスクの当事者、リスクの実践者として自分たちを自己言及的にとらえるようになるためには、授業構成において意識的な工夫が必要となる。

　すでに実践蓄積の多いディベートは、そのような工夫を定型化したものの一つである。

　ディベートにおいて学習者は、意見の違う相手と直面し、この相手といや応なく関わって、とにかく論争していかざるを得ない状況に立たされる。また、ディベートの過程は明確なルールに則って運営され、その結果は、（正式ルールの場合）審判によって勝敗判定される。

　とくに政策論題のディベート（政策ディベート）は、ある政策が実施されたとしたらどうなるかという、不確実な未来に関する、典型的と言ってよいリスクコミュニケーションである。ディベートの否定側は、その政策のデメリットすなわちリスクを強調して主張する役割を負っている。また肯定側も、論題となっている政策を実施せず現状を維持することのリスクを主張する役割を負っているとみることができる[19]。

　しかし、社会科授業においてこのようなディベートが実施されれば、それだけで学習者は、社会的実践としてのリスクテーキングなコミュニ

ケーションを体験する、と言えるかどうかには慎重を要する。

　先に、第1節で検討した松尾による社会科ディベートの効用論のなかで、ディベートの勝敗判定に関わる部分を再度引用してみると、「討論という言葉を介した勝負に勝ちたいという動機が強烈な学習意欲となり〜」とある。この主張をよく見てみると、勝つこと・審判を説得することをディベートというコミュニケーションの活動目的とは位置付けておらず、勝敗は、たかだか「学習意欲」喚起の手段、動機付けとしてしか把握されていないことがわかる。

　ディベートの勝敗決定ルールに関するこのような見方は、やはり、ディベートの教育目標を、多面的な社会の見方の学習、すなわち客観的な社会認識の育成に置き、社会的対立状況において、あえて、ある主張や決定を行おうとするリスクテーキングなコミュニケーション実践者の育成を主要な目標と意識していないことの表れであろうと考えられる。

　教師がディベートを、客観的社会認識育成のための動機付け的手段と位置付ける限り、学習者のディベートの学習成果についての評価も、主要にその観点からなされることになろう。また、データと論拠を活用した議論構築の方法など、ディベートの技術面についての指導と評価がなされる場合でも、それが学習者自身の思考と判断の客観性を増す技術として意識され教えられるか、聞き手の人々の思考と判断を揺り動かすためのコミュニケーションの技術として意識され教えられるかで、学習者が、討論をリスクテーキングな社会的実践として意識する度合いは大きく変わってくると考えられる。学習者の客観的社会認識の育成、客観的思考力・判断力の育成が主要に意識された指導と評価の空間の中では、学習者のリスクテーキングなコミュニケーション実践力の育成は、生じたとしても「副産物」にとどまるのではないだろうか。

　また、学習者から見て、教師がディベートのような対立的コミュニケーションを授業に導入しながら、他方で、対立的状況において優位を占めようとするコミュニケーション実践そのものに対して重要な関心を寄せていないことが感じ取れる場合、学習者は、いわば「意欲的に討論すべ

きなのか、それとも、意欲的に討論しているふりをすればよいのか」という奇妙なダブルバインド状況、あるいは教育上何ら意味のない不確実性の状況に陥る恐れがある。このような状況では、「賢明な」学習者は空気を読み、リスクテーキングなコミュニケーションを控えるという選択を行うであろう。なぜなら、リスクテーキングなコミュニケーションが、まさに「授業で自分だけ浮いてしまうかもしれない」というコミュニケーション上のリスクを抱えることになるからである。

したがって、学習者のリスクテーキングな社会的実践力の育成のためには、それが、客観的社会認識の育成とは独立した、それ自体一個の社会科の教科目標、授業目標、あるいは評価観点として意識的に掲げられるべきである。

なお、ディベートの勝敗決定というルールがもつ社会科教育上の意義については、次章においても継続して検討する。

国際問題へのリスクテーキングを促す授業

社会事象に関するリスクテーキングなコミュニケーション実践者の育成という目標を意識的に定立することの必要性は、とくにディベートなどの特別にコミュニカティブな形式をとらない、いわゆる通常型の授業においても成り立つと考える。たとえば、一つの検討事例として、華井和代による高校公民科「現代社会」の実践事例「リビア紛争に対する国際連合の取り組み」[20]を取り上げる。

華井は、「国際平和への日本の貢献を考えるときには、PKO協力のみならず、仲介、制裁、平和構築、あるいは人道支援を通じて日本が積極的に紛争解決プロセスの主導国となる可能性を検討することも必要である。多国籍軍による武力行使には参加しない国家であるからこそ、武力以外の手段でいかに貢献できるかをもっと議論すべきではないだろうか」[21]と述べ、2011年に発生したリビア紛争と、国連を軸として実施された包括的な紛争解決の取り組みを事例として取り上げた3時間構成の授業(小単元)実践を報告している。

1時間目の授業では、カダフィ政権と反政府勢力が内戦に陥ったリビアの紛争状況を確認したのち、国際社会がとりうる多様な紛争解決手段のオプションを記入した「紛争解決カード」(「仲介交渉」「国際司法裁判所に訴える」「飛行禁止区域の設定」「資産凍結」「多国籍軍／NATO軍による空爆」「人道支援」など12手段を記載)を生徒に配付し、どの手段をどう組み合わせて紛争を解決に導くかを生徒個々に考えさせている。教師の評価観点としては「複数の手段を組み合わせて利用できたか、カダフィ政権を和平合意に導く交渉圧力としてそれらの手段を利用できたか」[22]である。

2時間目には、紛争解決に向けて国際社会が行った議論や意思決定のプロセスを「役割カード」(国連事務総長、アラブ連盟事務局長、アメリカ・ロシア・日本の国連大使など異なる立場に立つ7者の主張を記入したカード)を使って追体験的に理解させ、3時間目には、リビアを支援するために日本は何ができるかについて話し合いを設定している。

本書の関心から見て、この華井実践は、今日の日本が国際社会の問題に対して当事者意識を持ち、問題解決に向けて、日本が積極的、主導的に日本にできる最大限度の「リスクを取る」必要があることを学習者に学ばせようとしている点で高く評価できるものである。また、授業方法においても、「紛争解決カード」を用いた紛争解決手段の構想や、「役割カード」を用いた紛争解決当事者の追体験の組織などのゲーミングシミュレーション的手法が導入され、学習者に、自己を問題の当事者として意識させようとする多様な工夫が施されている。

自分たちと国際社会の間に溝を感じさせない必要

しかし、これらの工夫によって、この授業の生徒たちが、紛争解決をめざす国際社会の取り組みを自分たちが「取るリスク」としてとらえ、リスクの当事者・実践者として自己言及を行う意識を形成しえたかどうかには、一点の疑問が残るのである。

これは、日本も「空爆」などのハードなリスクテーキングに当事者として参加すべきか否かを考えさせるべきだった、というような意味では

ない。この授業は、「紛争の主アクターであるカダフィ政権に、市民への無差別殺傷をやめさせるにはどうすればよいか」という基本的な課題に、まず生徒を直面させる必要があったのではないか、という疑問である。

　すなわち、この授業では何よりもまず、問題の張本人であるカダフィを相手とした「交渉ゲーム」、すなわちリスキーな交渉コミュニケーションの当事者としての基本的自覚を生徒に形成する必要があったのではなかろうか。そのためには、国連と国際社会がとった(とりえた)紛争解決手段のリストを最初から生徒に提示して選ばせるのではなく、それに先立ち、まず、「カダフィに対して自分ならどうするか」を、ナイーブでも空想的でもよいから考えさせ、若干でよいから話し合うワンステップが必要ではなかったかと思われる。

　このようなステップの設定によって、こちらの和平提案に対して簡単に「うん」と言う相手ではないことの気付きから、さまざまな「交渉圧力」の発動があわせて必要になることに、生徒は気付きえたであろう。その後に、事実としてとられた、あるいは現実的な選択肢としての「紛争解決カード」の配布とそれを用いた解決に向けてのシミュレーション活動をセットすれば、学習者の思考は、現実的かつ包括的な解決策のさまざまな構想に導かれていくと考えられる。

　このような何らかの方法によって、まず学習者にリスクテーキングなコミュニケーションの実践当事者としての自己言及的意識を形成することなく、また、自分たちのコミュニケーションの「相手」が誰であるのかを明瞭に意識させることなく、最初から国連や国際社会がとりうる紛争解決の諸手段の情報を提示すると、それらの問題解決性、制裁効果やその限界についての客観的な「存在するリスク」の学習としては成功を収めえても、そこにとどまるのではないかと考えられるのである。

　ここでは、たとえ学習者の紛争解決手段への発想がいかに貧弱でも(そして、それは当然のことである)、学習者に、自分たちの発想と、国際社会が英知を結集してとった紛争解決の取り組みとの間に隔絶した溝を感じ

させないようにすることが、もっとも重要である。すなわち、学習者において、「存在するリスク」を認識することと、それを自己が「取るリスク」として意識することとの間に溝をつくらせず、それらを一体化していかなければならない。一言で言えば、自分たちと国際社会とを別個に考える考え方を克服させていかねばならない。そのためには、いかに拙くとも、まず学習者に自らの発想で問題解決に向けたコミュニケーションを始めさせることが、ここでは必要であったと考える。

この授業全体のねらいにおいて実践者は、「日本が積極的に紛争解決プロセスの主導国となる可能性を検討」し「武力以外の手段でいかに貢献できるかをもっと議論す」ることができる能力の育成を展望している。にもかかわらず、この授業(小単元)自体においては、「国連をはじめとする国際社会が実施している紛争解決手段」に関する「理解」や「認識」の育成に、いわば禁欲した目標設定を行っている[23]。このように、授業で扱った紛争事例を生徒の理解・認識の客体として位置づけてしまった結果、この授業が学習者に、「紛争解決プロセスの主導国」の当事者としての自己言及的意識を形成しえたかどうかには、疑問が残る結果となっている。

学習者に、国際事象に対してリスクを取る当事者・実践者としての自覚と能力を形成するためには、授業において、そのこと自体を目標の一つとして明瞭に掲げるとともに、それに対応して、授業に何らかの工夫を加えることが必要であったと考える。

しかし、この華井実践は、とくにディベートなどの本格的な討論形式をとらない、あるいはとくにゲーミングシミュレーションの本格的導入を行うわけではない、いわゆる通常型の授業においても、社会事象の認識・理解の育成とともに、一定の工夫によって、学習者にリスクテーキングなコミュニケーションの当事者体験を組織することができることを示す好例である。本実践は、教科内容が複雑化・高度化する高校レベルの授業においても、それが可能であることを示している。

認識育成と実践者育成のバランス

　ルーマンが言うように、「真理」性は不確実性、リスクを縮減する機能をもつ。社会科（地歴科・公民科）授業は、全体としては、社会に関する「真理」・客観的事実の認識形成によって学習者の対社会リスクを可能な限り縮減し、学習者の安全、確実、合理的、現実的な思考と判断、意思決定、合意形成、問題解決の能力を育成するものである。

　しかし、学習者における客観的社会認識の形成は、他方で、学習者のリスクテーキングな社会的実践者としての自己言及的意識の形成をも「縮減」してしまう副作用があることを自覚すべきであろう。

　この自覚の上で、社会科教師には、客観的社会認識の育成という課題とともに、社会事象に関するリスクテーキングなコミュニケーション実践者の育成という課題を独立の教科目標として意識的に掲げ、これら両課題をバランスよく追求する授業設計が望まれる。

注

1　宮本光雄『社会科教育の本質に関する研究―社会認識と公民的資質の関係性を中心に』風間書房、2011、などを参照。
2　松尾正幸・佐長健司編著『ディベートによる社会科の授業づくり』明治図書、1995年、p.17。
3　K. J. ガーゲン、東村知子訳『あなたへの社会構成主義』ナカニシヤ出版、2004年、などを参照。
4　G. クニール・A. ナセヒ、舘野受男・池田貞夫・野崎和義訳『ルーマン　社会システム理論』新泉社、1995年、p.77。引用内引用出典は、ルーマン"Die Wissenschaft der Gesellschaft" 1990年。
5　田中智志・山名淳『教育人間論のルーマン　人間は〈教育〉できるのか』勁草書房、2004年、p.8。（ ）内原文、太字表示は略した。
6　同書、p.8。
7　ハーバーマスについてはクニール・ナセヒ前掲書（注4）、p.86、パーソンズについては長岡克行『ルーマン／社会の理論の革命』勁草書房、2006年、p.257、などをそれぞれ参照。
8　C. ボルフ、庄司信訳『ニクラス・ルーマン入門』新泉社、2014年、p.82、を参照。
9　ルーマンは、本文で挙げたハーバーマスやパーソンズ以外にも、コミュニケーションを「発信―伝達―受信」の反復として記述するC. シャノンなどの古典的

コミュニケーション理論を批判している。すなわち、「受信」され「解読」されても、「受容」されるとは限らないからである。ボルフ前掲書（注8）、pp.77-82、を参照。

10　田中・山名前掲書（注5）、pp.8-9、などを参照。
11　長岡前掲書（注7）、p.270 より重引。（ ）内はルーマン原文。引用者長岡による注記は略した。ルーマンの出典は"Soziale Systeme" 1984 年。
12　たとえば、U. ベック、東廉・伊藤美登里訳『危険社会』法政大学出版局、1998 年、『リスク学入門』全5巻、岩波書店、2007 年、などを参照。
13　小松丈晃『リスク論のルーマン』勁草書房、2003 年、p.30。
14　同書、p.31。
15　同書、p.31、（ ）内原文。
16　石戸教嗣『リスクとしての教育　システム論的接近』世界思想社、2007 年、p.8。
17　同書、p.9。
18　長岡前掲書（注7）の、特に pp.145-172、を参照。実は、自己言及性は、「二重の不確実性」の問題においてすでに潜在している。「二重の不確実性」とは、「もし私が〜と言えば、相手はどう反応するだろうか」という、コミュニケーション当事者双方における不確実性だからである。ただし本書では、コミュニケーションに潜在するこのような自己言及性の問題には深く立ち入らず、コミュニケーションをその話題（言及対象）で区別し、それが外部事象ではなく自分（たち）自身である場合を「自己言及的」と呼んでいる。
19　ディベートにおいては、肯定側、否定側などの立場を、必ずしも学習者自身の意見や判断に基づいて割り振らず、形式的な割り振りを行う場合が多い。このような論じる立場の割り振りには批判も多いが、重要なのは、対立する主張者がいる中で、ある社会的選択の妥当性を主張していくリスクテイキングなコミュニケーション体験そのものにあると考えられる。この意味で、ディベートを、ある論題についての肯定側・否定側の役割の遂行を求めるロールプレイとみることもできるだろう。このディベートの立場の割り振りの問題については、本書第3章をも参照のこと。
20　華井和代「紛争解決への取り組みを学ぶ国際平和学習―リビア紛争に対する国際連合の取り組みを事例として―」、『社会科教育研究』第118号、日本社会科教育学会、2013 年、pp.15-27。
21　同論文、p.17。
22　同論文、p.24。
23　この3時間の小単元の目標は、「リビア紛争を事例として、国連をはじめとする国際社会が実施している紛争解決手段の意味・機能・方法とその実施をめぐる議論を理解し、包括的な紛争解決プロセスの中で日本が行っている措置の役割を考え、日本の国際貢献のあり方について現実を踏まえて考えるための基

礎的な認識を養う」と掲げられており（華井前掲論文、p.18）、事象の「理解」および「認識」の育成をめざす目標設定となっている。

第3章

勝敗を競うディベートの社会科教育における意義

第1節 勝敗回避的、合意志向的な社会科ディベート学習論への疑問

ディベートへの注目と批判

　戦後日本を牽引した経済成長という大きな合意が「昭和レトロ」の物語と化して久しく、今日、日本および国際社会において、諸主張や諸価値の多様性・多元性のいっそうの増大と、その相互間の対立、論争または紛争の増大が顕著な趨勢となった。このような状況を反映して、すでにこの四半世紀の間、社会科教育は、授業に「正解のない問題」すなわち複数の社会的当事者の利害、主張、価値の対立や社会的論争問題を積極的に導入し、その中で、対立する他者に対する批判や理解の能力育成、意思決定や合意形成の能力育成、またはそれらに必然的に伴うべきコミュニケーション能力や情報・知識活用能力の育成などをめざす、さまざまの実践的・理論的蓄積を重ねてきている。

　そのような中で注目されてきた学習方法の一つに、ディベート学習がある。

　ディベートは、1990年代前半に、その教育的機能への着眼と学校教育への導入の提唱がなされ[1]、90年代中期には、社会科授業でのディベート活用に関する実践研究が報告され始めている[2]。

　いっぽうで、ディベート学習に対しては、その導入当初から、勝敗を

競い審判による判定を行う、肯定側・否定側などの二者択一的な立場を設定する、機械的に論じる立場を割り振る、などのディベートに特徴的なルールに関して多くの批判的な議論がある[3]。

では、社会科におけるディベート学習論においては、これらのディベート学習への批判的論点に関して、どのような議論がなされてきているだろうか[4]。

「ディベート」ではなく「ディベート的な討論」を

まず、ディベートにおける勝敗の判定に関して、社会科へのディベートの導入期に松尾正幸が次のように論じている。「ディベートは、幅広い社会的見方や考え方の育成を保証する最適の学習法ではなかろうか。(略)討論という言葉を介した勝負に勝ちたいという動機が強烈な学習意欲となり、論争問題への幅広い知識や社会的見方・考え方の修得を保証し、その結果、『社会がよくわかる』生徒や児童をつくりだすのである」[5]。

第2章でもみたように、この松尾の主張においては、社会科におけるディベート学習の意義が、「幅広い知識や社会的見方・考え方の修得」、「社会がよくわかる」こと、つまり社会事象に関する知識や認識の育成に求められており、勝敗は、その「学習意欲」喚起のための「動機」付けとして手段的に位置付けられている。

このように、ディベート学習の主たる教育的機能を社会認識育成に見出す議論として、近年では、樋口雅夫が、より積極的に次のように論じている。

「(略)社会認識を深めさせ、市民的(公民的)資質の育成をはかる社会科授業としての位置づけで行われる『手段としてのディベート』を意図するのであれば、(略)より精緻な討論の構造を組み立てていかないと、デフォルメされた互いの主張をぶつけ合うだけの討論で終わってしまうおそれがある。これは勝敗を決することをルールとする、ディベートの限界ともいえよう」[6]。「(略)現実社会における国の政策の是非などを深く探求させるためには、『ディベート』から『ディベート的な討論』へと

転換をはかる必要性があると考えられる。すでに、多くの小・中・高等学校の現場の授業では、『ディベート』に必須の審判、勝敗を度外視して『ディベート的な討論』がなされているのが現実であろう」[7]。

このように樋口は、「勝敗を決する」ルールのディベートはその質に限界があるとするが、それでは、たとえば「ディベート甲子園」などのトーナメント型ディベートの討論の質をどう評価するのであろうか。そのような疑問があるものの、樋口の主張は、社会認識を深めさせ、市民的(公民的)資質の育成をはかる「手段としての」社会科ディベート学習は、「審判、勝敗を度外視」した「ディベート的な討論」であるべきだという点にある。

このような主張の前提には、社会認識を深めさせ、市民的(公民的)資質をはかるという社会科の目標にとって、勝敗を競う討論は基本的に不整合であるという考え方、あるいは、「社会認識の深まりは、勝敗の競い合いを越えたところにある」という考え方があるように思われる。

「二者択一」ではなく「合意形成能力」を

次に、ディベートにおける二者択一的な立場設定に関しては、水山光春が次のように論じている。

まず水山は、現代社会が求めている合理的な意思決定の「主体は『個人』であるが、(略)個人レベルでの意思決定を、社会的なレベルでの決定へと集約する過程もまた、民主主義社会では必要となる(略)」[8]と述べ、各個人の判断・意思決定→集約・調整→合意形成、という過程を民主主義社会の基本的な社会過程とし、社会科授業での各個人の判断の調整過程・合意形成過程の研究の必要を主張している。その上で水山は、ディベートについて次のように述べる。「(略)ディベートを導入した場合には、生徒はあれかこれかといった二者択一的な選択が否応なく求められる。／しかし、現実の社会生活では、我々はこのような二者択一をできるだけ回避し、何とか選択肢間の調整や合意を形成しようとする」[9]。

こう指摘する水山は、「マレーシアにおける熱帯林の減少」をめぐる

ディベート（熱帯林伐採の経済的効用を主張するマハティール首相の判断をめぐる是非の討論）を組織し、その後、対立する主張間の妥協が可能な「留保条件」を模索させ、合意形成をめざさせる授業展開例を提示している[10]。

このように水山は、ディベートの二者択一性と現実の社会生活との乖離を主張し、ディベート実践ののち、合意形成を模索する授業ステップを設定することによってディベートの「欠点」を補おうとしている。このような水山の主張を端的にまとめれば、「民主主義とは合意形成であり、合意形成能力の育成が社会科民主主義教育の課題である。その合意形成能力の育成は、ディベートの二者択一性を越えたところで可能になる」というものであると言えるであろう。

以上のように、社会科におけるディベート学習論においては、社会認識の育成、または合意形成能力の育成という社会科の目標や課題にとっての、ディベートの勝敗決定性あるいは二者択一性という特徴の不適合性を指摘する主張が見られる。

勝敗を競うことに意義がある

しかし、これらに対して本章では、ディベートにおいて両立しない二つの主張の間で合意を排して勝敗を競う討論体験が、社会科教育にとって積極的な意義をもちうることを主張したいと考える。

樋口は、勝敗を度外視するディベートを「ディベート的な討論」と呼ぶことを提案している。しかし、そのような「ディベート的な討論」とは、社会科が戦後の発足以来実践を積み重ねてきた討論学習と、本質的にどのように異なるのだろうか。たとえば、証拠を伴った立証の要請ならば、ディベートに限らずおよそすべての討論に求められる。また「立論」「反駁」といったディベートの討論ステップに関する用語や討論進行の仕方は、それによって従来の討論学習を質的に劇的に変化させるとは言えないものである。

90年代、学校教育へのディベートの導入を主導した藤岡信勝は、ディベートの教育的意義を論じる中で次のように述べている。

「日本社会の構造自体も大きく変わりつつある。今までのような談合ともたれあいの『和』の政治の手法だけでは解決のつかない問題があまりにも多い。これからは、異質なものの共存を前提とした上で、相互の対立点をあいまいにボカすのではなく、その反対に、公然と論じあい、一定の段階で多数決その他の方法によって『合意』をつくり出していくという、透明なシステムが機能しなければならない。(略)(そのような)『議論の文化』なしには、議会制民主主義自体が正しく機能しない」[11]。

このように、藤岡において、ディベートの学校教育への導入は、各自の意見を集約・調整することによって合意を形成するという在来の政治手法への批判的問題意識から出発していることがわかる。したがって、勝敗を度外視する「ディベート的な討論」の提唱は、このような教育へのディベート導入の初発の問題意識に対しては、むしろ逆向きの方向性をもつものか、少なくともそのような問題意識を「ボカす」ものではないだろうか。

今日の日本における主要な政治的・社会的論争、たとえば憲法第９条改正の是非や原発の廃止・存続をめぐる論争を例にとってみよう。これらの論争は、はたして、個々の意見の集約と調整によって合意に到達することが可能な論争なのだろうか。これらの論争における価値の対立は、きわめて深く根源的なものではないだろうか。これらの論争における価値対立の溝を越えることができるような社会認識の構築は、はたして可能なのだろうか。このような争点に関しては、藤岡が述べたように、それぞれの主張と価値の支持者間のたえざる論争を通じ、ある時点での民主的裁定(端的には選挙や投票)による「勝敗」決定を通じて、集団的意思を形成していかざるを得ないのではないだろうか。

民主主義観を問い直す必要

このような根源的で二者択一的な政治的・社会的対立をめぐる論争状況が存在する一方で、樋口が指摘するように、社会科において「多くの授業では勝敗を度外視して「ディベート的な討論」がなされているのが

現実」であるとするならば、今日の日本の社会科教育・民主主義教育が必ずしも十分に取り組み得ていないひとつの重要な課題とは、政治的・社会的な諸主張間、諸価値間の根源的な対立を見据え、その対立を実践できる民主政治の実践者の育成であると言えるのではないかと考える。それゆえ、90年代の導入以来ほぼ四半世紀を経ながら、勝敗を競うディベート学習が社会科教育においてもつ意義を今あらためて考察することは、意味のないことではないと考える。

では、社会科において、ディベートの勝敗を競うという特徴が必ずしも受け入れられていないのが現実であるならば、それはなぜだろうか。

このことを考察するためには、社会科に広く共有されていると思われる民主主義観・民主政治観自体にさかのぼり、それを再検討する必要があると考えられる。そのために、本章は、政治哲学者C.ムフ[12]の現代民主主義論に着目したい。

ムフは、政治が本質的にもつ敵対性、闘争性、権力性と諸価値間の根本的な合意不可能性を直視した「ラディカル・デモクラシー」のビジョンを提示して、従来の民主主義観の問い直しを提起し、現代における民主政治の活性化を提唱している。このラディカル・デモクラシーの理念は、社会科に広く共有されていると思われる民主主義観・民主政治観に対して重要なオルタナティヴを提供するものとであると同時に、この理念によって、従来の社会科が「持て余していた」とも言えそうな、ディベートにおける勝敗を競うというルールがもつ社会科教育的意義を、あらたに照らし出すことができるのではないかと考える。

以下本章では、第2節において、ムフのラディカル・デモクラシー論の基本的論点を3点に整理し、その各論点に即して、従来の社会科が広く前提としていると思われる民主主義観・民主政治観を批判的に相対化するとともに、勝敗を競うディベート学習が、民主政治の実践者の育成にとってもちうる意義を考察したい。それをふまえ、第3節においては、勝敗を競うディベート学習が、民主政治の実践者の育成にとってもちうると考えられる学習効果を、3点に集約して指摘したいと考える。

第2節　C．ムフのラディカル・デモクラシー論

民主政治における対立・争いの基本的重要性
　①「政治的なるもの」と「根源的かつ多元的な民主主義」

　冷戦終結後、自由民主主義の勝利が宣言される一方で、さまざまな民族的、宗教的、国家的対立が次々と顕在化する状況に、多くの自由主義者たちは当惑した。この状況についてムフは述べる。

　「自由主義思想が、政治的なるものの本質と、何ものにも還元不可能な敵対関係の性質とを、十分に把握できていない事実こそが、現状での多くの政治理論家たちの無力を証明している」[13]。「合意や全員一致の幻想は、民主政治にとって致命的なものと認識されるべきであり、したがって放棄されるべきものである」[14]。

　ムフのこのような主張は、C.シュミットの政治理論から強い示唆を得ている。

　シュミットは、経済的な利益追求、道徳的な善悪判断などに対して独自な営みである「政治的なるもの」に固有の本質を「友／敵」関係、すなわち、人々の間に二者択一的な意見の対立と争いがあることに求めた[15]。ムフは、シュミットの「友／敵」概念を、民主政治の本質を表す概念として継承し、自らの民主主義ビジョンを「根源的かつ多元的な民主主義(radical and pluralist democracy)」、または「闘技民主主義(agonistic democracy)」と呼んでいる。「(根源的かつ多元的な民主主義においては)紛争は、騒乱が不幸にも依然として除去されていない状態と見なされることはない」[16]。

　このようなムフのラディカル・デモクラシーの理念は、「対立と争いは民主主義・民主政治にとって不幸な状態であるのか」という問いを、社会科教育に対してもたらすものであると言える。この問いにどう答えるかを考えることは、従来の社会科に広く共有されていると思われる民主主義観・民主政治観に対して批判的な再検討を行うきっかけになると

考える。

②関係の中で形成されるアイデンティティ

　ムフの「根源的かつ多元的な民主主義」という理念における「根源的」とは、上に見たように、政治における対立と争いの根源性と、その除去や克服の不可能性を意味している。一方、「多元的」とは、社会における諸主張、諸価値の複数性を意味するだけでなく、次のような含意をもつ概念である。すなわち、各個人や各集団の政治的意見や立場は、さまざまな政治的対立の関係性の中で生成されるものであり、そのような関係性に先行する伝統的な共同性・仲間性や、文化・信仰の共有や、または何らかの客観的・合理的な真理や認識の共有などによって一元的、包括的に決定されるのではないという考え方である。

　「アイデンティティがことごとく種々の関係のなかで形づくられること、さらにすべてのアイデンティティの存在の条件を作り上げているのが、差異の肯定であり、また『構成的外部』の役割を果たすことになる『他者』の決定であるということを、仮定として受けいれてみよう。そうした場合、(政治的アイデンティティの形成とは)『彼ら』〈they〉の画定によって、『われわれ』〈we〉を作り上げていくという事実にほかならない」[17]。

　このようにムフは、他者とのコミュニケーションの対立的関係性の中で人々の政治的立ち位置と意見が生成されていくと考えており、明確な社会構成主義的立場に立っている。

　以上のようにムフは、民主主義にとって対立と争いこそが基本的に重要であり、そこにおける人々の社会についての意見や価値観は、対立や争いの論争的関係によって形づくられていくと考えている。このようなムフのラディカル・デモクラシーの立場から見ると、社会科ディベート学習において勝敗を競うことは、決して「度外視」すべきものではなく、むしろ、民主政治の能動的な実践者の育成にとって積極的意義をもつ学習体験となるのではないかと考えられる。

合理性・道徳性の限界における営みとしての政治

①アルキメデスの点

　以上のようなムフの闘争的な民主政治観は、社会的対立に関する何らかの客観的妥当性をもつ認識、共通合意が可能な認識に、個人内の理性的・反省的思考によって、あるいは集団における自由、寛容で合理的な討議・熟議によって到達可能である、という考え方とは両立しないことになる。それが可能であるとしても、それは政治ではなく、したがって民主政治でもない、とムフは考えている。

　このような観点から、ムフはJ. ハーバーマスの討議倫理学やJ. ロールズの正義論を次のように批判している。

　「『正義の理論』をひもとけば、ロールズが合理的選択にまつわる諸問題を解決する手法を探し求めていることが、言い換えれば、彼の『公正』の理論の普遍的な特質を保障するアルキメデスの点を探し求めていることが窺い知れる。」[18]。「ロールズが政治哲学として提示するものは、端的に一種の特定の道徳哲学、社会の基本構造を規制する公共道徳であるといえよう」[19]。

　このようにムフは、ロールズの「政治哲学」は、「政治的なるもの」の回避の企てであり、それは何ら「政治」哲学ではなく一種の道徳哲学・公共道徳であり、結果としてそれは「政治的なるもの」への抑圧の企てにほかならないとする[20]。

②不確実性の中で優位性を追求する学習としてのディベート

　ムフによれば、政治とは、合理性や道徳性の限界における営みである。人々が合理的思考や他者理解の駆使によって合意や客観的認識に至りうるのならば、そもそも政治は不要である。しかし、人間存在と諸価値の根源的な多元性のゆえに、そのような合意や客観的認識への到達は不可能であるとムフは考えている。人々と諸価値の多元性が合理性や道徳性の調整能力・合意形成能力を越えるからこそ、闘争すなわち政治は発生し、そこに民主主義というルール、すなわち言論による闘争のルールが

必要となるのである。

したがって、社会科教育において、合理的・客観的な認識や、他者理解に基づく合意形成能力や、より公正な判断能力を修得させるという学習課題を掲げる(多くの)場合には、勝敗を競うディベート学習は、学習方法として基本的に不向きであると言えるであろう。その場合、(「ディベート的な討論」をも選択肢に含めた)他の何らかの学習方法を構想するべきである。

勝敗を競うディベート学習は、そのような、何らかのより確かな、より客観的な、より正しい結論や認識に到達させるという、通常の教育目標設定とは区別された学習の場、学習者が不確実な言論の対抗状況の中で優位性を競うリスクテーキングなコミュニケーションの体験の場として設定することによって、固有の民主主義教育的意義が発揮されると考える。

政治における情熱の役割と、ヘゲモニーとしての政治権力観
①神々の争い

ムフのように、闘争を政治の本質とした理論家の先輩として、シュミットとともに M. ウェーバーがあげられる。

ウェーバーは、政治を、日常倫理(心情倫理)の場とは区別された、闘争と権力追求を行う特殊な場ととらえ、その場を貫徹すべきなのは責任倫理であるとした[21]。政治に関するこのような把握の前提には、彼のいう「神々の争い」あるいは「世界の脱呪術化」のニヒリズム的認識がある[22]。すなわち、ある特定の価値や倫理を合理的に正当化することは不可能であり、そのため、その価値の実現をめざす人間の行為は、他の価値の支持者との間で必然的に権力闘争とならざるを得ず、その闘争を推進するものは理性であるよりは情熱や使命感といった責任倫理であり、その闘争を最終的に裁定する高みは存在しない、という認識である。

政治における情熱の役割に関して、ムフも次のように述べる。「(ハー

バーマス流の)欺瞞のない理性的なコミュニケーションと、理性的な合意に基づく社会的統一への合理主義的な熱望は、根本的に反政治的である。なぜならそれは、情熱と情念が政治において占める重要な位置を無視するからである」[23]。

②ヘゲモニーの陣地戦

では、ムフの政治権力についてのとらえ方はどのようなものだろうか。

ウェーバーは政治権力を、何らかの意味でその正当性を調達することに成功した支配的ポジションと捉えている。しかし、こうとらえると、権力をめぐる闘争とは、端的に「椅子取りゲーム」としてモデル化されることとなる。ムフは、この見解をとらない。

ムフは、政治権力を支配的な「ヘゲモニー」ととらえ、権力をめぐる闘争過程——すなわち政治そのもの——を、さまざまなヘゲモニーの相互の地位、影響力の再編成をめぐる「陣地戦」[24]、すなわち(いわばオセロゲームのような)「陣取りゲーム」的闘争ととらえている。

ヘゲモニーとは、A. グラムシに由来する概念で、世界・社会を意味付け価値の優先序列を正当化する説得力、感化力を持った言説であり、それによって、暴力や経済力によらず被支配者の服従を調達しうるもの、との意味である[25]。政治権力を理解するためには、「あらゆるたぐいの社会秩序の本性がヘゲモニー的であること、さらに、あらゆる社会が、偶有性という条件のもとで(あらかじめ定まった客観的必然性があるわけではない中で)秩序を打ち立てようとする実践の諸系列の産物であるという事実を承認することが要求されるのである」[26]。「正当であるものと、正当でないものとの間を確定する境界線は政治的なものである。したがって、それは必ずや論争の対象となり続けるであろう」[27]。

いかに自明に見える政治秩序も、支配的ヘゲモニーの権力作用によって構成されたものであり、そのヘゲモニーの支配的地位に何ら客観的な盤石性はないとする点で、ムフはやはり徹底した社会構成主義的立場に立っている。

③権力性なき民主主義の幻想

そして、論争過程を通じて支配的地位を獲得した新たないかなるヘゲモニーも、それが客観的真理などではなく特定の社会的価値の優先序列の主張である以上、他の主張に対して必然的に排除的であり、したがって権力的たらざるを得ない、とムフは言う。「あらゆる合意はある暫定的なヘゲモニーの一時的な帰結として、権力のある一つの安定化としてのみ存在するということ、そしてそれはつねになんらかの排除がともなうということを認めなければならない。合理的な討議をつうじて権力が解体されうるという理念、また、純粋な合理性を基礎として正統性が構築されうるという理念は、民主主義的諸制度を危機に陥れる幻想に過ぎないのである」[28]。

このように、ムフは、民主政治の過程において、対立する主張者どうしが合意に達することそれ自体を否認しているのではない。問題は、その合意の性質のとらえ方である。

ムフによれば、いかなる合意も特定のヘゲモニーの暫定的な支配的地位の獲得であるか、ヘゲモニー間の陣地戦における一時的な休戦ラインにすぎない。合意の形成とは対立の終わりではなく、真理への到達でもなく、対立のひとつの休符にすぎないものであって、客観的根拠をもつものではなく、永続性を保証されたものではない。また、そのような合意とは、そうでない可能性の排除であり、その合意の内容と整合しないすべての可能性や意見に対しては、権力として作用する。したがって、民主的合意形成とは権力の創出そのものにほかならない。民主主義が権力性や強制性を克服しうると考えるなら、それはまったくの幻想である、とムフは考えている。

④権力闘争の学習体験としてのディベート

以上のようなムフの政治権力観と民主政治観によるならば、ディベート学習とは、実は、民主政治における対抗ヘゲモニー間の「陣地戦」、

すなわち、端的に言って権力闘争の学習体験であるととらえることができる。ディベートにおける「勝ち」とは、その当該の論争に関してのヘゲモニーの優位性、言いかえれば権力の地位の獲得を意味すると言える。

第1節で検討した従来のディベート学習論において、ディベートにおける勝敗決定性と民主主義教育とが基本的に整合しないと考えられてきた根底には、勝敗を競うことが帯びるこのような権力闘争性への忌避感や、非権力的な民主主義への願望が存在しているのではないかと推測される。

しかし、ムフの立場からすれば、「非権力的な民主主義」こそが形容矛盾である。むしろ、民主主義・民主政治の健全性とは、ヘゲモニー・権力をめざす人々の論争すなわち権力闘争が、合理性や合意形成の要請によって抑制されず、熱意を持って活発に営まれるところにある。

このように、民主主義・民主政治を、個々人の意思を集約・調整して集団の合意を形成する非権力的過程としてではなく、ヘゲモニー・権力をめざす情熱的で活発な論争の過程として理解することによって、勝敗を競うディベート学習の体験、すなわち相手の主張に対して優位を占めようと競う討論を体験することがもつ、民主政治の実践者の育成にとっての意義が明瞭になると考えられる。

第3節　勝敗を競うディベートの学習効果の考察

勝敗を競うことによる学びとは

以上では、対立と争いを民主主義・民主政治の本質と見るC.ムフのラディカル・デモクラシー論に基づいて、従来の社会科が広く前提としていると思われる民主主義観・民主政治観を批判的に相対化するとともに、民主政治の実践者の育成にとって、合意を排して勝敗を競うディベート学習が意義ある学習体験となりうることを主張した。

ラディカル・デモクラシーの理念とは、端的には、「民主主義・民主政治とは、両立しない複数の主張・価値間の言論によるヘゲモニー闘争

である」と集約することができる。では、このラディカル・デモクラシーの理念の観点から、ディベートにおいて論の勝敗の競い合いを経験する学習者を見た場合、そこで学習者はどのような学びを行っていると見ることができるだろうか。

本節では、勝敗を競うディベート学習が、それを経験する学習者において、どのような学習効果をもちうるかについて、より具体的な考察を行いたい。ただし、従来から、ディベートの学習効果・教育効果については、社会科以外の領域（さらには教育以外の領域）も含めて、きわめてさまざまな主張や報告がある。本節では、一般的なディベートの学習効果についてではなく、あくまで、社会科において、政治的・社会的な対立を実践できる民主政治の実践者の育成という観点から有意義と考えられる効果を、以下、次の3点にわたって指摘したい。

(1)「言論が現実を構成していく」という社会観の形成
(2)民主政治の当事者意識の形成
(3)「自己の言論によって社会を変えていくことができる」という社会的自己効力感の形成

ただし、これらについての以下の考察は、現段階では理論的予測ないしは仮説の域を出ないものであり、ディベートの「勝敗効果」についての今後の実践的検討あるいは調査によって検証を要するものであることを留保しておきたい。

「言論が現実を構成していく」という社会観の形成
①多価値的な社会観に出会わせる

筆者による大学1年生を対象としたディベート授業[29]では、大学で学ぶことの意味を考えさせる狙いのもとで、「大学入試センター試験の廃止の是非」(2012年度)、「大学秋入学実施の是非」(2013年度)、「第2外国語の必修を廃し、英語履修に振り向けることの是非」(2014年度)など

の論題で学生にディベートを経験させている。ディベート後の学生レポートで例年見られる感想の一つのパターンは、問題に「正解がない」こと、すなわち問題に関する客観的・合理的な裁定ができないことへの驚きや戸惑いの表明である。たとえば、「討論前はほとんど自明と思われていたことが、調べていくうちに・討論で相手の主張を聞くうちに、結局わからなくなってしまった」といった趣旨の感想が見られる。

現在のところ、学校教育を通じて学生は、ある問題には客観的に正しい答えが存在する、という信念を強固に形成しているように思われる。このような学習者にとって、ある問題についての複数の両立しない主張が、それぞれ説得的に構成され得、そのどちらが正しいかを客観的に判断できない、という不確実性への直面の体験は、新鮮、あるいはそれを通り越してショックなのであろう。しかし、このことは、ディベートが学習者に、既有の信念を揺さぶり、多価値的な社会観に出会わせる学習効果をもつことを示している。

②勝敗を競わせることに固有の効果とは

ただし、このような、学習者の信念の相対化、多価値的な社会観への気付き——すなわち、第1・2章で述べた「存在する不確実性」への気付き——という学習効果は、必ずしも勝敗を競うというルール設定を行わなくとも、「ディベート的な討論」によって確保することが可能であるかもしれない。

では、勝敗を競うことに固有の効果は、どこに見出せるであろうか。

筆者のディベート授業は勝敗を競わせるルール設定で行っている。学生の感想の中には、先に述べたような正解の不在への驚きの表明に続けて、「正解がないのだから、言葉によってどうとでも言える・主張の仕方によって勝ったり負けたりする・詭弁がまかり通ってしまう」という趣旨の否定的な感想を表明するものがある。しかしながら、勝敗を競うディベートが固有に持ちうる重要な学習効果とは、まさに、このような「言葉、主張の仕方によって社会的決定のあり方が変わってくる」とい

う気付きの形成に求められるのではないかと考えられるのである。言いかえれば、「言論が現実を構成していく」という構成主義的な社会観の形成に求められるのではないかと考えられる。これを、「実践する不確実性」への気付きと言うこともできる。

　上記のような感想を表明する学生は、言葉によって構成された主張以外のどこかに「真理」や「真実」が存在しているはずだとの考えを捨て去れないがゆえに、言葉で勝敗の帰趨が定まるディベートの不確実性に否定的感想をもつのであろう。しかし逆に言えば、勝敗を競うディベートの経験を通じて、少なくとも、このような素朴な真理実在的認識を越え出る最近接領域に達していると言えるであろう。

③裁判に勝ったものが「真理」

　国語教育研究者の香西秀信は、討論指導に関して次のように述べる。「キケロは法廷における真理がそのような無邪気な(正しいがゆえに無罪となるような)ものでないことを知っていた。そこでは真理ゆえに裁判に勝つのではなく、裁判に勝ったものが『真理』なのである。(略)有効な反論を加えることもできず、散々に言い負かされておきながら、相手の議論を詭弁だと言うのは慎むべきだ。それは議論以外に『真偽』確定の手段を求めていることになる。そして、デモクラシーにとって最も危険なのは、ソフィストの出現ではなく、議論以外の手段によって『真偽』を決定しようとする人間および団体の出現である」[30]。

　ディベートにおける勝敗決定ルールとは、客観的に決定できない対立問題に決定を下すことを求めるルールである。そのために、各主張者に言論の説得力を競わせ、社会的決定を自説の優位性のもとに行うことをめざさせる。したがって、そこで唯一決定の決め手となるのは、言論展開の説得力それ自体に他ならず、「議論以外の手段によって『真偽』を決定」することは不可能である。勝敗を競うディベートの体験を通じて、学習者は、このことに気付くのではないかと考えられる。

　このように、勝敗を競うディベートが学習者にもたらす学習効果とは、

多様で非両立の諸主張・諸価値が存在することの学習に加えて、それらの間の対立の裁定は、それらの主張・価値の支持者が展開するリスクテーキングな言論闘争の説得力のみに即して行われる以外にない、との認識の形成にあると考えられる。

④ディベートで実感する「いくつもの未来」

具体的な授業場面を想定すると、このような学習効果を意識したディベートの指導においては、次のような点に留意することが望ましいと考える。

筆者が見学した小中高の社会科ディベート授業の範囲では、クラスを対立両派に二分(あるいは審判役を含めて三分)するか、ないしは、班程度の人数の小さな対戦グループにクラスを細分して同時進行で実施するケースが多い。しかし、もし時間的に可能ならば、二つか三つの対戦グループを構成し、複数のディベートを相互に観戦させるという構成方法もある。それによって、同じ論題についても多様な討論展開と勝敗の帰趨がありうることを実感させることができるようになる。それを通じて、「真理」ないし「ヘゲモニー」は、各対戦における主張や反論の展開のされ方によってその帰属を変えうることが、学習者に実感されると考えられる。言いかえれば、いくつもの討論プロセスがあり、その結果として「いくつもの未来」がありうる、ということが、学習者に実感されるであろう。

民主政治の当事者意識の形成

①「逃げ場がない」ディベート

第1節において見たように、水山は、「ディベートを導入した場合には、生徒はあれかこれかといった二者択一的な選択が否応なく求められる」と述べている。ここにディベートと現実の社会生活との乖離を見出す水山実践は、「留保条件」の模索によって二者択一的対立の解消を図る。しかしながら、この実践における学習者の学習体験は、能動的な民主政治の実践者としての体験というよりは、むしろ、自らをどこか第三者的

な調停者の立ち位置に置いたものではなかっただろうか。

　ただし、この実践の扱ったテーマが、マレーシアの熱帯林伐採をめぐる同国首相の政策判断に関する是非の討論であったことは、上記のような学習者の位置取り、立場性に関する批判的議論に対して「留保条件」となるかもしれない。すなわち、途上国にとっては、開発か自然保護かという選択は、先進国の立場からの二者択一的裁断を許さないようなきわめて困難な選択である。このように、論題の性質によっては、問題に対する調停者的、中立的な客観的立場性を学習者に獲得させることに意義がある。

　しかし、やはり第1節であげたように、たとえば憲法第9条改正の是非や原発の廃止・存続をめぐる論争など、少なくとも自国における政治や社会の重要な選択課題を事例として考えれば、「二者択一的な選択が現実の社会生活と乖離している」とする水山の指摘は当たっていない。このような、自己が所属する国家や社会における選択課題に関しては、学習者にリスクを取る当事者としての自覚を形成すること、すなわち、私はどちらかの立場に立ち、対立する立場と争わなければならない、という自己言及的な社会的実践者としての意識を形成することが、明らかに社会科教育、民主主義教育の役割である。

　勝敗を競うディベートにおいては、審判役を除く討論者は、論題に関してどちらかの立場に立つ論争の当事者たらざるを得ず、調停者や中立者の立場に立つことはできない。このような、いわば「逃げ場がない」ディベートのルールの特徴は、政治的・社会的対立を実践する民主政治の実践者の育成にとって大きなメリットがあると考えられるのである。

②意見を述べるとは、反論すること

　香西は、「意見とは、本質的に先行する意見に対する『異見』として生まれ(る)。(略)意見を述べるとは、反論することだ」[31]と指摘する。意見をもち、意見を述べるとは、本質的に論争的な行為である。仮にある人が、合理的・客観的真理と考えるものから自己の意見を生成したと思っ

ていても、その意見は、そのような合理的・客観的真理に同意しない他者を潜在的に前提としている。意見をもつとは、ある立場を選びとることであり、それは同時に、他の立場、他の意見を批判し否定することである。すなわち、「敵」のいない意見というものは、あり得ないのである。以上のような香西の指摘は、政治の本質を「友／敵」関係であるとするシュミットの指摘、および、人々の政治的意見や立場は政治的対立の関係の中で生成されるというムフの指摘と符合する。

　勝敗を競うディベートは、論題に関する是非、賛否どちらかの立場に学習者を割り振り、互いの論を競わせる。このようなディベートの体験を通じて学習者が学ぶのは、「ある問題に関して意見をもつが、しかし他者とは争わない」ということの論理的な不可能性、および倫理的な不誠実性であると考えられる。このことが、社会——特に、自己が構成員であるところの社会——における重要な選択課題について、第三者ではなく当事者として、どちらかの立場をとって意見を形成し、対立する意見と争わなければならないという自覚の形成につながっていくと考えられるのである。

③論じる立場の決定方法

　では、このような、政治的・社会的対立と争いの当事者意識の形成を図るディベート学習の組織において、学習者の（肯定側／否定側などの）論じる立場の決定方法についてはどのように考えればよいだろうか。

　第1節で触れたように、論じる立場を機械的に割り振るというディベートのルールに対しては、教育へのディベート導入の早期から批判的議論がある。対立と争いの当事者意識の形成という本書の目的からも、学習者自身の意見に基づいた「本音・本気」の討論を経験させることが望ましいと言えるかもしれない。

　しかし、次の二点について考慮する必要がある。

　まず、「本音」で議論させるならば、「わからない」「決められない」「中立」「中間」などの、学習者の態度保留的、中間的立場をも認めなければな

らないという問題が発生する。たとえば一院制の是非や遺伝子組み換え食品の是非などのように、学習者の知識・認識の成長段階や生活経験に照らして論題の抽象度が高く、それに関する学習者自身の意見形成が難しいケースが多くある。本書が何より重要と考えるのは、ディベートによって両立しない意見をめぐって勝敗を競うリスクテーキングなコミュニケーション体験をさせる点にある。したがって、学習者に機械的に立場を割り振る方法の方が、むしろこの目的にとって効果的・効率的と考えられる。

 考慮すべき第二点として、たとえば憲法改正や原発存廃、あるいは死刑の是非などのように、現実社会において厳しい政治的対立や論争が行われている論題に関しては、配慮が必要という点がある。とくにこのような論題の場合、授業におけるディベートの中で学習者に取らせるリスクは、あくまでも仮想のものとすることが必要である。そうすることによって、学習者の自由で活発な議論を組織することができる。また、このような論題に関しては、マスメディアの報道傾向などによって、とくに若年層である学習者の判断が、ある方向への誘導を受けやすいことも考慮される。このような場合には、ディベート直前に論じる立場を決めるなどの機械的立場決定の方法をとることによって、あらかじめ学習者に問題を両面から十分に検討させ、それを通じて、将来における学習者の質の高い意見形成と社会的論争の実践を促すという判断が必要である。

 一方で、学習者の生活地域における課題など、学習者の「本音」に基づいて活発な対立と論争が展開される論題の開発もさまざまに可能と考えられる。また、ディベートで扱う社会的問題に関して、ディベートの実施以前に、授業者が問題に関する多面的な情報提示を通じて学習者の深い理解を形成した上で、ディベートでの立場選択を学習者の意思に委ねることが可能な場合もあるであろう。

 いずれにしても、勝敗を競うディベートの眼目は、言論の対抗関係の中で、ある立場をとる当事者として論陣を張り優位性を競うという、リ

スクテーキングな「ヘゲモニー闘争」の体験を学習者に持たせることにある。この教育的意義を見据えた上で、ディベートにおける論じる立場の決定方法に関しては、論題の性質や学習者の状態などを考慮した柔軟なケース・バイ・ケースの判断を行うのがよいと考える。

「自己の言論によって社会を変えていくことができる」という社会的自己効力感の形成

①距離感覚をどのようにして縮めるか

前々項で紹介した、「言葉によってどうとでも言える・主張の仕方によって勝ったり負けたりする・詭弁がまかり通ってしまう」という趣旨の、勝敗を競うディベートに対する学生の否定的感想は、前述のように、「言論が現実を構成していく」という社会観の形成の契機となりうるとともに、次のような評価もまた可能である。すなわち、「自己の言論の行使によって、社会的現状を変えていくことができる」という社会的自己効力感の獲得、あるいは社会的・政治的実践者としての自己言及と自己意識の形成の契機となっている、と見ることもできる。

不確実性の概念に即してこのような学習効果を表現すれば、学習者において、不確実性を、外界に「存在するもの」から、誰かが「実践するもの」へ、さらには自己が「実践するもの」へととらえ直させる、とも言えるであろう。

このような学習者の自己感覚や自己意識の形成という課題は、「認識」の育成を教科の課題として強く意識した従来の社会科諸実践においては、必ずしも主要な課題としてとらえられてこなかったように思われる。

しかしながら、ムフやウェーバーが指摘するように、政治とは合理性の限界における営みであり、民主主義・民主政治においては、自己の主張・価値が広く社会に受容され主導的地位を占めることをめざす情熱と情念が、民主政治の実践者において重要な役割を果たす。したがって、学習者において、自らと政治・社会との距離感覚をどのようにして縮めさせ乗り越えさせていくか、という課題は、能動的な民主政治の実践者の育

成をめざすべき社会科にとってきわめて重要な課題であり、自覚的に取り組まれるべき課題であると考えるべきである。

　社会科に限らず、特別活動なども含むこれまでの学校教育において、言論によって社会的現状を変えていくという政治的活動の体験は、学習者に必ずしも十分に保障することができなかった学習体験の一つであるように思われる。また、(校則など)学習環境の基本的秩序の維持という観点から、それを無制約に保障するわけにはいかないものでもある。勝敗を競うディベートは、そのような学習体験を、疑似的な政治的空間、ゲーム空間を授業内につくり出すことによって可能にしようとする仕掛けであると言える。

　②聞き手を揺り動かす技術の指導
　しかしながら、言論の能動的な運用者としての社会的自己効力感や自己意識の形成という学習効果を十全に引き出すためには、やはり、学習者において、討論技術、言論技術の修得という裏付けを伴わせる必要がある。

　勝敗を競うディベートにおいては、討論技術、言論技術が、すべて審判を説得するための技術であるという点が重要である。

　したがって、ディベートの技術指導は、学習者自身の論理的思考、批判的思考や客観的判断の能力を形成する指導として意識されるだけでは不十分である。むしろ、それらはディベートの副産物であると考えられるべきである。ディベートの技術は、何より、聞き手の人々、すなわち審判の思考と判断を揺り動かすための言論・コミュニケーションの技術として意識され指導される必要がある。

　そのためには、社会科は、すでに長い実施蓄積をもつディベート甲子園などのトーナメント型ディベートにおける技術指導の成果に学ぶ必要があろう。

　その上で、ディベートの立論・質疑・反駁のそれぞれのステップにおいて学習者に形成すべき討論技術、言論技術を整理し、ルーブリック(観

点別・段階的到達度評価表）を作成して、各社会科教師の指導と学習者評価、さらには授業評価の基準とするとともに、学習者自身の振り返りの自己評価、あるいは学習者間の相互評価に役立てるようにする必要があると考える[32]。

民主主義教育とは言論運用の教育である。言論によって社会的現状を変えていけるという社会的自己効力感や自己意識の形成と、その感覚や意識を裏付ける技術の育成は、自らの主張や説得の成功や失敗の実体験を経ることによって、すなわちリスクテーキングなコミュニケーションの実体験を経ることによって、はじめて十全に可能となるものである。それらは、「勝敗を度外視」したディベート学習によっては基本的に保障しえないものである。勝敗を競うディベート学習の社会科教育、民主主義教育にとっての重要な存在意義はここにあると考える。

③討論とともに必要な交渉の体験

本章では、C. ムフのラディカル・デモクラシー論に基づいて、合意を排して勝敗を競うディベート学習が、政治的・社会的対立を実践する民主政治の実践者育成という目標にとって有効な学習方法となりうることを主張し、勝敗を競うディベートがもちうる学習効果に関する考察を行った。

今後の課題としては、1点目として、本章において仮説的考察にとどまった、勝敗を競うディベートの学習効果に関して、実践的検討あるいは調査を通じて検証を行っていくことがあげられる。また、2点目として、社会科教育において広く共有可能なディベートの技術指導と評価の方法を開発し、その効果検証を行っていくことがあげられる。

また、3点目として、次のような課題も考えられる。

本章で論じた能動的な民主政治の実践者の育成は、勝敗を競う討論というコミュニケーション形態の学習のみによって可能となるとは考えない。対立・競争的、権力・ヘゲモニー追求的でありながら、同時に、何とかして合意に到達する必要がある社会的局面は存在し、たとえば外交

などはその典型的事例である。そのような場合には、自己・自集団の利害や価値の実現を最大限追求しながら、対立する相手との間で何らかの合意形成を模索する「交渉」というコミュニケーション形態が必要となる。

したがって、ディベートと同様、授業内に何らかの仮想的な政治的、社会的対立空間を構成しながら、学習者に、交渉を通じて、何らかの未来を対立者と共同で切り開いていく体験を組織していくこともまた、今日の社会科教育の課題であると考える。第1節で検討した水山実践を、学習者に、「留保条件」を活用して合意を切り開いていくリスクテーキングな交渉コミュニケーション体験を組織するものとして再解釈していくことも、また可能であろう。

本書の、続く第4・5章は、この3点目の課題を追究しようとするものである。

注

1　たとえば、岡本明人『授業ディベート入門』明治図書、1992年、藤岡信勝編著『教室ディベート入門事例集』学事出版、1994年、など。

2　たとえば、杉浦正和・和井田清司『生徒が変わるディベート術！』国土社、1994年、松尾正幸・佐長健司編著『ディベートによる社会科の授業づくり』明治図書、1995年、吉水裕也『ディベートで変わる社会科授業』明治図書、1995年、など。

3　これらの批判について集約的な考察を行ったものとして次の文献がある。川野哲也「教育方法としてのディベートの可能性をさぐる―ディベート活用の理論化の試み―」、『教室ディベートへの挑戦』第6集、学事出版、1997年、pp.6-100。

4　ディベートの機械的な立場の割り振りというルールに関しては、ここでは論じず、本章第3節において論じる。

5　松尾・佐長前掲書（注2）、p.17。

6　樋口雅夫「社会科におけるディベート・討論指導」、社会認識教育学会編『社会科教育学ハンドブック』明治図書、2012年、p.253。

7　同論文、pp.253-254。

8　水山光春「合意形成をめざす中学社会科授業―トゥールミンモデルの『留保

条件』を活用して─」『社会科研究』第47号、全国社会科教育学会、1997年、p.51。
9   同論文、p.51。
10 同論文、pp.55-59。
11 藤岡信勝「『議論の文化』と教室ディベート─子どもたちにディベートを楽しむ力を─」、『教室ディベートへの挑戦』第1集、学事出版、1995年、p.12、（　）内引用者注記。
12 本章ではムフの次の邦訳文献に依拠した（編著、共著を含む）。
　①『政治的なるものの再興』千葉眞・土井美徳・田中智彦・山田竜作訳、日本経済評論、1998年（原著1993年）。
　②『民主主義の逆説』葛西弘隆訳、以文社、2006年（原著2000年）。
　③「カール・シュミットと自由民主主義のパラドックス」、ムフ編『カール・シュミットの挑戦』古賀敬太・佐野誠編訳、風行社、2006年（原著1999年）の第3章（青木裕子訳）。
　④『政治的なものについて』酒井隆史・篠原雅武訳、明石書店、2008年（原著2005年）。
　⑤E.ラクラウ・C.ムフ『民主主義の革命─ヘゲモニーとポスト・マルクス主義』西永亮・千葉眞訳、ちくま学芸文庫、2012年（原著1985年）。
　なお、ムフのラディカル・デモクラシー論に言及した既存の社会科教育の論考としては、次のものがある。渡部竜也「自由主義社会は『政治的なもの』の学習を必要としないのか─尾原康光氏の論考の再検討─」、『公民教育研究』第17号、日本公民教育学会、2009年、pp.49-63。
13 ムフ前掲書（注12の①）、p.2。
14 同書、p.11。
15 C.シュミット『政治的なものの概念』田中浩・原田武雄訳、未来社、1970年（原著1932年）を参照。
16 ムフ前掲書（注12の①）、pp.15-16、（　）内引用者注記。
17 同書、p.4、〈　〉内原文、（　）内引用者注記。
18 ムフ前掲書（注12の①）、p.52。
19 同書、p.112。
20 ムフは、カント以来のコスモポリタニズムやグローバル民主主義論に対しても同趣旨の批判を行っている。「グローバル市民をコスモポリタンなやりかたで構築しようとすることは、政治に対し道徳を優越させる試みの一つでしかない」（前掲書［注12の④］p.149）。「コスモポリタニズムの様々な形態における中心的な問題は、それらすべてが、たとえ見かけは多様であっても、政治的なもの、対立、および否定性を超えた合意型の統治形態を前提していることにある」（同書、p.156）。
21 M.ウェーバー『職業としての政治』脇圭平訳、岩波文庫、1980年（原著1919年）

を参照。
22　M. ウェーバー『職業としての学問』尾高邦雄訳、岩波文庫、1980 年（原著 1918 年）を参照。
23　ムフ前掲書（注 12 の①）、pp.226-227、（　）内引用者注記。
24　ラクラウ・ムフ前掲書（注 12 の⑤）、p.303。
25　『政治学事典』弘文堂、2000 年などを参照。
26　ムフ前掲書（注 12 の④）、pp.33-34、（　）内引用者注記。
27　ムフ前掲書（注 12 の③）、p.166。
28　ムフ前掲書（注 12 の②）、p.161。
29　「教育ディベート入門」（神戸大学発達科学部人間形成学科学科共通科目）。
30　香西秀信『反論の技術』明治図書、1995 年、p.54、（　）内引用者注記。
31　同書、p.20、（　）内引用者注記。
32　すでに理科教育においては、「アーギュメント・スキル」の獲得と、学習者の自己評価を含むその評価方法の構築が大きな課題として取り組まれている。たとえば、山本智一・山口悦司・稲垣成哲・坂本美紀・西垣順子「アーギュメントの教授方略の研究動向」『理科教育学研究』第 53 巻、第 1 号、2012 年、pp.1-12、などを参照。

第4章

国際政治と外交にかかわる判断と意思決定の主体を育成する

第1節 とりわけ不確実性が高い国際政治と外交の問題を社会科はどう扱うか

EUってどうなるの？

　昨今の、ギリシャの財政破綻の対処をめぐってEU首脳が激しくやり合う会議の様子の報道を見て、高校生の息子が一言、「ねえ、EUってどうなるの？」。言外に、「お父さんは社会科の先生の先生なんだからわかるでしょ」というニュアンスが感じられる。しかし筆者としては、「そんなこと誰にもわからないよ」と答えるしかなかった。

　考えてみれば、社会科教育というものが成り立つための条件は、大人(教師)の方が子どもよりも社会のことを知っている、わかっている、という知識や判断力の落差であると考えられる。ところが、この「落差」は、とくに国際政治や外交の問題に関してとなると、はなはだ怪しいものとなる。子どものわからなさと大人のわからなさが、拮抗してくるのである。両者が感じる不確実性の度合いが大差のないものとなる、とも言える。これは、社会事象に本来内在する「存在する不確実性」「存在するリスク」の量が、国際政治という社会事象においては飽和的に最大化するためである、と言えるだろう。

　だとすると、国際政治については、「存在する不確実性・リスク」の水準においてこうなのだから、「実践する不確実性」あるいは「取るリス

ク」の水準においては、いかばかりであろうか。すなわち、国際政治や外交の問題に当事者として関わろうとする者が直面する不確実性やリスクはいかばかりかということも、容易に想像される。

　まず、前章で扱ったディベートのようなルールが整備された討論においては、相手の答えは基本的にノーであると予測できるが、交渉というコミュニケーションにおいては、相手にイエス・ノーの両方の答えが予測される（さらに、意図的にぼかされる可能性もある）。このため、単純に言って、交渉は、討論よりもいっそう不確実性の高いコミュニケーションであると言える。そのような交渉のなかでも、外交交渉は、コミュニケーション当事者の相互の外部性と異質性がとりわけ高い。したがって、相互に相手の答えの予測が難しく、その分だけ不確実性が高い交渉コミュニケーションであると言える。

　しかも、外交においては、その問題解決の手段として、コミュニケーションの説得力とともに、しばしば軍事力や経済力といった「実力」が併用される。交渉コミュニケーションの失敗が、実力でいわば「補正」されることは珍しくない[1]。国際政治の秩序や規範の水準は、言論で問題を解決しようとする日本のような民主国家における国内政治の水準に、はるかにおよばない。したがって、外交におけるコミュニケーションの失敗は、しばしば実力の行使やその衝突に発展し、コミュニケーション失敗の代償、すなわちそのリスクは非常に高いものとなる。

　また、外交コミュニケーションは、たとえ外部の相手との間で成功裏に合意が形成されたとしても、その合意を、内部すなわち国内がこれを成功とみなすかどうかは、また別問題である。日本では、ポーツマス条約が惹起した日比谷焼打ち事件が、これを示す典型事例である。このため、そのコミュニケーション・リスクは、いっそう高いものとなる。

　以上のような理由から、外交交渉は、それに取り組むにおいてはよほどの専門的力量を必要とする、リスクテーキングなコミュニケーションの王者と言ってよいかもしれない。

　以上にみたような不確実性やリスク、実践難度の高さゆえにであろう

か、従来の社会科教育において、国際政治と外交を、歴史的事実として取り上げるのみではなく、民主国家の国民が当事者として関わっていくべき政治的課題として位置づけ、考察させる内容をもつ教科書記述[2]はまれにしかみられず、またそのような意識的取り組みを行った授業実践の報告も、多くはみられない。そのような中で、本書では、すでに第2章において、国際政治を扱った優れた実践事例として華井実践を取り上げ、そこに見出される課題も含めて検討した。本章でも、そのようないくつかの注目すべき実践事例を取り上げ、後に検討する。

どんなベルサイユ条約にするかは私たち次第

しかし、海外の教育実践に視野を広げると、次のような興味深い実践事例を見出すこともできる。

米国の名門プレップスクール（寄宿制高校）に留学した岡崎玲子は、著書でその授業体験を紹介している[3]。その授業の一つは、高校2年生の世界史学習の一環として、1919年のパリ講和会議を、生徒が各国代表の役割をロールプレイすることによって再現するというものである。

「一クラスが一つの国を担当し、授業を通して、その国について調べる。そして、事務レベルの専門会議を経て、本会議で各国代表者の生徒が発言し、独自の考察に基づくパリ講和会議を再現してみるのだ。ルールは、一つ。『どんなベルサイユ条約にするかは私たち次第だが、それ以前の史実は、曲げてはいけない』」[4]。

たまたま岡崎のクラスは日本の担当となり、しかも岡崎は本会議での日本代表スピーチを任される。本会議では、南洋諸島権益を確保しようとする岡崎の提案に対して各国代表から厳しい追及が飛び、会議は決裂寸前に陥る。結局、日本代表団は南洋諸島を放棄せざるを得なかった。「私自身は、この条約が帝国主義の終わりを意味するべきだったと思っていたので、個人的にはこの結果に満足している。そんな自分の思いに反して、政府代表としての私の立場は、最後まで国益を追求するというもの。外交の場での、公私のバランスの難しさを思い知った」[5]。最終的には、

日本提案の人種平等案が国際連盟規約として採択され、また全体として敗戦国への穏便な処遇が合意されたという。

さすがと言うか、米国のエリート校の実践だけあって、この実践で岡崎ら生徒たちは、情報収集、問題分析、目標設定、提案・批判・説得の討論と交渉、譲歩・取り引きなどの駆け引き、また私的立場と公的立場の区別など、相当に難度の高い認識課題、コミュニケーション課題を遂行している。このような実践を、わが国の社会科教育がそのままモデルとして追求してよいかどうかについては、当然さまざまな留保が必要である。

しかし、この「模擬パリ講和会議」実践は、本書第1章で論じた、授業に歴史の〈イフ〉を導入するBタイプのアプローチの、いわば「フルスペック」の事例とみることができる。──ここで、本書におけるBタイプのアプローチの定義を再掲する。B：授業内に、現実の歴史・社会的問題状況から抽象された、一定の不確実性や未発の可能性をはらむ歴史・社会的状況を構成し、学習者をその中で一つの立場をとる当事者として位置づけ、何らかの意思決定を求め、問題解決をめざさせる。それによって、社会の未来のよりよいあり方をめざす社会的実践に参加しようとする主体性を育成する。

はじめに述べたように、国際政治や外交の問題──とくに現代の問題──に関しては、「大人と子どもの知識・判断力の落差」を根拠として授業を成立させることは、基本的に困難をはらむと考えられる[6]。諸々の社会事象の中でもとりわけ不確実性の高い国際問題や外交問題については、それに対する学習者のリスクテーキングなコミュニケーションを組織する、という、本書でいうBタイプのアプローチを、授業構成のむしろ基本形と考えるべきではないだろうか。

このことは、見方を変えると、次のようにも言える。

社会科授業の成立根拠を「大人と子どもの知識・判断力の落差」のみに求めてきたことが、本書が一貫してこだわる社会科の「一本道」型授業の問題、すなわち、学習を受動的なものとし、ひいては学習者を受動

的なものとしてしまう問題の発生源なのである。国際政治や外交の問題のように、その不確実性がとりわけ高い問題群を積極的に社会科授業に導入し、それに対する学習者のリスクテーキングなコミュニケーションを組織することは、学習者を、受動的、受容的な「一本道」学習から脱却させ、自立した判断と意思決定の主体へと育成する上で、戦略的な重要性をもつと言えるのである。

この意味で、「模擬パリ講和会議」実践は、国際政治と外交を扱った、「やろうと思えばここまでできる」Bタイプのアプローチの開拓的事例としてみれば、われわれを大いに勇気付ける参考事例となるものである[7]。

デモクラシーとディプロマシーを架橋する必要

外交について、かつて英国の外交官を務め外交理論家に転じたH.ニコルソンは、次のように述べる。

「民主的外交に伴う危険の最も強力な源が、主権者である国民の無責任さにあることは広く認められているところであろう。という意味は、今日では国民が対外政策を究極的に統制する主権者であるにもかかわらず、その結果伴う責任には国民がほとんどまったく気付いていないということである」。「教育ある選挙民ですら、どのような条約が現在自国を拘束しているのか、ほとんどまったく気付かないでいる」[8]。これは第二次大戦前の英国の社会状況に関する批評であるが、今日依然として、わが国も含めた、民主国家の国民と外交との関係の難しさを言い当てた指摘であろう。元来、「素人の支配」であるデモクラシーと「専門家のアート」とも言えるディプロマシーとは、あまりそりが合わないものなのである。しかしながら、民主国家の外交が、一部の専門官僚や政治的リーダーのみに占有された、ないしは転嫁された仕事であってはならないという点こそ、ニコルソンの問題提起である。

このような問題意識から、ニコルソンは、外交を政策策定と政策決定の「立法的」側面と対外的交渉の「執行的」側面とに区分した上で、後者は政府当該部局の専門官に委ねるべきであるが、前者は民主的統制の対

象であるべきであるとする[9]。

　現実の外交過程が、ニコルソンの概念区分のように「立法（決定）」と「執行」に二項的に峻別可能かどうかは疑わしいし、おそらく、自身が練達の外交官であったニコルソンも、そのことは承知しているのではないかと思われる。しかし、あえてこのような概念的二分を行うことには、やはり意義がある。民主国家の国民には、国家の外交に関心を持ち、判断を下していく責任があることをはっきりとさせるからである。そして、社会科教育において、国際政治と外交が取り上げられるべき理由をも、はっきりとさせるからである。社会科は、デモクラシーとディプロマシーを、両者のそりが合わないからこそ、意識的に架橋する役割を負う。

　すでに、裁判員制度の導入によって、司法という、やはり従来専門家の仕事と考えられてきた領域に国民が参加し、社会科教育は、国民の司法参加を支える重要な役割を担っている。同じことは、国際政治と外交についてもなされなければならない。

　外交とは、国家などの複数の国際活動主体の利害と主張がせめぎ合う競合的環境下において、的確な意思決定と合意形成を通じて、自己集団の利益や主張を最大限実現しようとする営みであり、しかもその帰趨は、自己集団のみならず、相手集団を含むきわめて多くの人々の幸不幸、運命を左右する。民主国家の国民は、このような外交の意義と責任を深く理解し、自国の外交のあり方に高い関心を持つとともに、主権者・有権者として自国の外交に関する主体的な判断を行うことが求められる。

　しかも今日、グローバル化の進展のもと、各国の相互依存が深化すると同時に相互摩擦が亢進する不確実な国際状況においては、ますます「自国のことのみに専念してはならない」のであって、このような不確実な国際状況に主体的に関わっていく国民を育成することは、とりわけ日本のような主導的地位にある国家にとっては、国際社会に対する責任である[10]。

　本章では、今日までの社会科教育において国際政治や外交に関する問題がどのように扱われ、そこにどのような課題があるかを考察するとと

もに、学習者が国際政治と外交の諸問題に関して主体的な判断を行いうるようにするためには、社会科授業はどのような学びを組織しなければならないかについて考えてみたい。

第2節　外交問題を取り上げた従来の社会科実践とその問題点

「日米貿易摩擦」の授業

　戦後の日米経済関係は、周知のように、1971年のニクソンショック、および、とくに1985年のプラザ合意において、大きな転換点を迎えた。

　以下に紹介する、単元「日米貿易摩擦」(小学校6年)[11]の実践は、今谷順重が「新しい問題解決学習」の事例として提示する実践の一つであり、実施時期が明示されていないものの、プラザ合意直後の1980年代後期(中曽根内閣時代)に実施されたとみられる実践である。この実践は、外交問題が授業の主テーマとして取り上げられている点で注目されるだけではなく、授業においてロールプレイの手法の導入や学習者の意思決定場面の設定が行われ、本書でいう、〈イフ〉を導入するBタイプのアプローチが採用されている点でも、先駆的な現代的実践であると評価することができる。

　以下、まず単元展開の概要を追う。

　単元は5時より構成されている。第1時は「外国製品を1人100ドル買いましょう」と題され、「問題場面の発見」と位置付けられる。この授業題は、当時の中曽根首相が国民に呼びかけたポスターの文言である。授業ではこのポスターを紹介し、なぜこのような呼びかけが行われたかを考えさせ、日本の巨額の貿易黒字と深刻な貿易摩擦の存在が新聞記事で確認される。第2時「アメリカは何を怒っているのか」は「心情への共感」場面であり、アメリカの自動車工場を解雇された労働者のデモ行進の様子を見て、その心情を推測させ、日本へのいら立ちや怒りを共感的に理解させる。第3時「なぜ日本車がアメリカでよく売れるのか」(「原因

の追究」場面）では、横浜港から積み出される日本車のビデオ、日本車の価格の安さ、生産効率の高さ、性能のよさ、燃費の低さなどが確認される。

続く第4時「日米賢人会議・貿易摩擦、これでいいのか日本とアメリカ」（「願い・価値の究明」の場面）では、授業前半において、日本はこのまま自動車輸出を続けてよいのかについて自由に話し合わせる。学習者からは、「黒字ということは国にとってよいことだと思う」という輸出促進論、「なぜアメリカの自動車会社は、よく売れる小型車をつくらないのだろうか」という米自動車産業への疑問、「いったん車の輸出はやめたほうがよい」「アメリカが怒るから輸出は半分にする」といった輸出自重論、アメリカの出方によって輸出を増減させるという趣旨の折衷論が出される。授業後半ではロールプレイが採用される。学級を「アメリカの国民」「レーガン大統領」「クライスラー会長アイアコッカ」「日本の国民」「中曽根総理大臣」「トヨタ自動車豊田社長」の6つのグループに分け、それぞれの立場でこの問題をどう考え、どう改善していきたいかについて考えさせ、討議させる。第5時「日米貿易摩擦を解消するために今、何をなすべきか」（「合理的意志[12]決定」場面）では、ここまでの授業を踏まえて、それぞれの立場から問題解決に向けて何をやっていけばよいのかについて方法を考えさせ、最後に、実際に行われている解決策として自動車の現地生産の事例をあげ、授業を終えている。

以上のうち、第4時の討議のねらいについて、今谷は次のように述べている。

「ここでのねらいは、（略）貿易で成り立っているわが国は、世界に自由に物が売れないと生きていけない、自由貿易ができなくなれば一番大きな被害を被るのは日本自身なのだから、売れるから売りまくるという発想はもういいかげんにやめて、手遅れにならないうちに思い切った改善策を実行していかなければならないという、問題の深刻さとそれを解決するための賢明な現実的対応策の必要性に気づかせることである。と同時に、（略）わが国は、自国の利益の追求だけにとらわれるのではなく、世界全体の調和ある経済秩序の確立と均衡のとれた経済的相互依存関係

の促進、世界共通の財産としての地球公共財の形成のために積極的に貢献していかなければならないという、社会的公正さの観念に基づいたより高次な行動原理の自覚的確立にまで高め、発展させていくことが不可欠であろう」[13]。以上は第4時のねらいとして示されているが、この単元全体のねらいを大きく反映したものと考えられる。

他国は「独立変数」、自国は「従属変数」

　この実践は、問題との遭遇、相手当事者への理解の形成、問題の客観的・構造的考察、多角的な役割を設定した意見表明と討論、および意思（志）決定場面の設定という、学習者の理解、思考、判断を着実に練り上げる優れた構成がとられており、外交問題に限らず、多くの問題解決的な学習のデザインが準拠しうる授業構成の範例と評価することができる。

　問題が感じられるのは、第4時のねらいとして示された、この授業の構成目標や理念に関してである。

　ここでは、「売れるから売りまくるという発想」とされる考え方に対して、何らかの手を打たなければ日本自身が被害を被るという利害レベルの論点と、国際経済秩序や地球公益という公正性レベルでの論点の二点のレベルにおいて、学習者における自己規制的、自己批判的自覚の形成がめざされている。

　しかし、実際の第4時の前半の討論で、学習者は、自己規制的意見と同時に、自国の黒字を肯定する議論や米国の自動車生産のあり方への疑問、また米国の出方に応じた輸出の増減という現実対応的な意見を表明している。これらの学習者の意見は、実践目標の観点からは、克服すべき利己的、ないし機会主義的発想として否定的に評価されることになってしまってはいないだろうか。

　そもそも、なぜこの授業目標は、利害レベルにせよ公正性レベルにせよ、問題当事国のうち日本だけに、自己規制し対策を講じることを、ないしは利己性を反省してより高い公正理念に立つことを求めるのだろうか。なぜ、相手国（この場合、米国）に対して、何らかの要求や主張がな

されるべきだというような発想や、または両者の交渉によって利害均衡点を見出そうというような発想がなされないのだろうか。

このような授業目標観には、いわば、自国日本は「従属変数」で、他国ないし国際情勢は「独立変数」あるいは「定数」である、すなわち、反省的変容を行うべきは常にわれわれであり、また変更・改善されるべきは常に自国の政策や行政制度である、という受動的な、あるいは過剰に受容的な発想がみられるように思われる。それゆえ、問題当事国が相互に相手に働きかけて影響を及ぼし、その考え方を相互に変化させることによって自他の利害の合意可能点を模索するという、まさに通常「外交」や「交渉」という言葉で表現される営みについては、まったく視野の外に置かれているように思われるのである。

森林の南北問題＝われわれのライフスタイルの問題か

実は、同様の問題は、すでに本書第1章において検討した、小原友行の意思決定学習の授業においても見出される。

小原の「森林の南北問題」の授業では、森林の南北問題の現状について学習した後、「割りばし、つまようじ、紙コップは木材資源の無駄遣いとなるので使い捨てをやめるべきか、木材資源の有効な利用法なのでやめるべきでないかどうか」について討論させ、森林の適切な利用と保護のために我々にできることは何か、将来のライフスタイルについて話し合わせている[14]。しかし、森林の南北問題とは、地球環境問題であり、国際政治と外交の問題でもある。では、なぜその問題を扱った討論や意思決定が、「我々にできること」「将来のライフスタイル」を考えることで終始しなければならないのだろうか。

地球環境問題などの地球レベル、人類レベルの問題に対する解決策を考察させることを通じて、学習者ひとりひとりに自らの生き方を考え始めさせることは重要である。問題は、熱帯林の減少や南北問題の現状についての学習ののち、すぐに「ライフスタイル」の選択が課題とされ、かつそれで単元が終えられている点である。このテーマに関しては、ま

ず、森林資源をめぐる国際社会の現状や各国の利害・主張の分析、既存の国際合意の調査などを踏まえて、日本外交の選択肢をめぐる討論と意思決定を行う、ないし（条件が許すならば）ロールプレイ的な模擬国際会議を実施する、といった（まさに今谷の授業の単元構成のような）展開を考えることが有意義ではなかっただろうか。

このように、国際社会の問題状況から、即座に日本人あるいは生徒個々の道徳的自己検討に向かう、というこの単元の構成には、やはり、先に指摘した「自国日本は従属変数で、他国ないし国際情勢は独立変数ないしは定数である」という過剰に受容的な発想のパターンが見て取れる。

また、小原の「開国か鎖国か」の授業においても、問題発生の張本人であり問題解決のカウンターパートであるはずの米国代表ペリーにどう対処するか、という問いがまったく立てられておらず、むしろペリーの要求を所与として、それを呑むか呑まないか、が意思決定課題となっている。ここにみられるのはやはり、変更・改善されるべきは相手の要求内容ではなく常に自国の政策や行政制度である、という過剰に受容的発想なのである。

不確実性を二分の一、四分の一に

以上にみた実践事例は、いずれも、日本を当事国とする外交問題や国際問題を扱う授業であり、日本の取りうる対外政策の構想や選択という外交的意思決定課題を授業内に設定することが可能でありまた有意義であるにもかかわらず、どの事例も、問題を、自国のあり方や学習者個々の生き方の問題として矮小化して引き取り、他国や国際社会に対してわれわれ側から働きかけを行なうことを通じて問題解決のための合意形成を志向するという発想が見出せない、という共通の問題性が指摘できる。

では、なぜこれらの実践には、このような過剰受容的発想が共通してみられるのだろうか。

以下では、このような発想のパターンが発生する原因として、三つの理由を考えてみたい。

まず考えられるのは、「不確実性の縮減」という理由である。

　第2章でみたように、コミュニケーションにおいては「二重の不確実性」が不可避的に発生する。単純に言って、自己の出方に対して、相手の反応には基本的にイエスかノーの二つが考えられ、一方、相手の出方に対しても、自己の側はこれにイエスかノーの二つの反応が可能である。これらの掛け合わせで、自己→他者→自己（あるいは他者→自己→他者）の一往復のコミュニケーションは、4通りの可能性があり、不確実性がある。この不確実性を縮減ないし回避するためには、どのような方法があるだろうか。

　一つの方法として、自分側からは発言しない、という方法を取ることができる[15]。そうすれば、相手がイエスと言うかノーと言うかは考えなくてよくなり、相手の発言を所与の出発点として思考すればよい。そうして、不確実性は、相手の発言に対する自己の側のイエスかノーの二つの選択可能性に縮減され、不確実性は二分の一になる。これが、「相手を独立変数、自己を従属変数」とする不確実性縮減の「戦略」である。

　さらに、一歩進んで、いっそのこと相手の発言に必ずイエスとだけ返答すると決めてしまえば、ノーと返答した時に予想しなければならない相手のさらなる反応について、考えなくてよくなる。つまり、このような「意思を放棄する意思決定」によって、コミュニケーションの複雑性は形式的に言って四分の一となり、コミュニケーション上のリスクテーキング性は限りなくゼロとなる。しかし、このようにしてコミュニケーション上のリスクテーキングを回避できたとしても、相手の発言に常に従い相手の意思に常に依存するという、自己の生存上きわめて大きなリスクを代償として引き受けることとなる。

　以上の思考実験はやや形式的すぎるかもしれないが、ここまでにみた諸実践において、「相手を独立変数、自己を従属変数」とするという過剰受容的傾向が見出されることの、一つの説明になると考える。端的に言って、これらの実践には、「アメリカには、何と言っても無駄だ」あるいは「国際社会の動向を変化させるのは困難だ」という諦観、つまり「相

手は動かし難い」というあきらめや、あるいはそれへの安住がみられるのであり、あえて相手に働きかけを行うことで発生する不確実性と、特に相手のノーという答えに直面するリスクが、はじめから計算の外に置かれているとみられるのである。

　しかし、外交とは、あるいは交渉とは、その当事者双方がいわば「独立変数」であるからこそ発生する営みである。先にみた諸実践の特徴は、外交問題を取り上げながら、それを外交問題として扱っていない点にある、と言うことができる。

辺境の思想

　しかし、「相手を独立変数、自己を従属変数」とするという傾向は、およそ人間がコミュニケーションを行うに際して、その不確実性を縮減するために常に取りうる戦略であるとみることもできる。つまり、以上のような説明は、なぜこのような過剰受容「戦略」が、日本の社会科の諸実践に見出されるのか、の十分な説明にはなっていないかもしれない。

　梅棹忠夫は、『文明の生態史観』において、インドとの対比でわが国の自国と自文化認識について次のように考察している。「日本人にも自尊心はあるけれど、その反面、ある種の文化的劣等感がつねにきまとっている。それは、現に保有している文化水準の客観的な評価とは無関係に、なんとなく国民全体の心理を支配している、一種のかげのようなものだ。ほんとうの文化は、どこかほかのところでつくられるものであって、自分のところのは、なんとなくおとっているという意識である。／おそらくこれは、はじめから自分自身を中心にしてひとつの文明を展開することができた民族と、その一大文明の辺境諸民族の一つとしてスタートした民族とのちがいであろうとおもう。中国も、インドも、それぞれに自分を中心として一大文明を展開した国である。日本は、中国の辺境国家のひとつにすぎなかった。日本人は、まさに東夷であった」[16]。

　また近年、内田樹は、『日本辺境論』において次のように考察している。「(略) 日本の国民的のアイデンティティの中心は、この『他国に従属し

ても政体の基本理念が変わっても変わらないもの』、すなわち、『状況を変化させる主体的な働きかけは常に外から到来し、私たちは常にその受動者である』とする自己認識の仕方そのもののうちにあるからです」[17]。「『国際社会はこれからどうあるべきか』という種類のイシューになると、日本人は口を噤んでしまう。人種や宗教や言語や文化を超えるような汎通性をもつような『大きな物語』を語る段になるとぱたりと思考停止に陥る。『世界はこのようなものであるべきだ』というつよい指南力を持ったメッセージを発信することができない」[18]。

　このような梅棹、内田の考察からみえてくるのは、次のような可能性である。すなわち、相手を「独立変数」、むしろ「定数」とみて、自己をそれを受け入れる存在とみるものの見方は、われわれ日本人の奥底にある歴史的に形成された文化パターンであり、あるいはわれわれが無意識のうちに採用している文化戦略である、という可能性である。

　内田は、このような日本人の受動的性向に関して、ややコミカルに「こうなったらとことん辺境で行こうではないか」[19]という提案を行っている。この提案は、文化や国民性を改造しようなどといった不可能で有害な志向に対しては解毒作用があると認められる。しかし、国際政治や外交の問題に対して、民主国家の国民として求められる高い関心と批判的・主体的な判断力を育成する、という本書の目的設定に照らすならば、受け入れたくない提案である。

　「相手は要求する存在で、われわれは受け入れる存在」といった自国認識と国際社会認識は、まずなにより自国の幸福や発展の追求を阻害するであろうし、また深層心理においてわれわれの自信や自己効力感を棄損しうるであろう。さらには、受動的でリスクテイクをしない利己的な国といった国際社会の日本評価を形成、助長しかねず、場合によっては、われわれ日本人のみが反省と自己向上を行いうる国民であり、われわれこそが国際平和や地球的公正性の優等生である、といった倒錯した独善的自尊心をわれわれの内に生成しかねないと考えられる[20]。

　本章で検討した諸実践は、このようなマイナスの諸教育効果を胚胎す

るものではないかと危惧されるのである。

第3節　「戦争」と「紛争」の概念区別とその意義

不一致と対立の「放棄」？

　前節でみた諸実践に共通してみられる「自国日本は従属変数で、他国ないし国際情勢は独立変数ないし定数である」という過剰受容的発想について、ここまでのところ、「不確実性の縮減」、および「日本人に歴史的に形成されたと考えられる文化パターンないし文化戦略」にその発生原因を求めた。しかし、このような傾向性の発生には、別の、次のような第三の要因も寄与しているのではないかと考えられる。

　それは、端的に言えば、先の大戦の反省である。

　戦争の反省を明記したと言ってよい日本国憲法は、前文において「平和を愛する諸国民の公正と信義に信頼して、われらの安全と生存を保持しようと決意した」と宣言し、第9条では戦争の放棄と戦力の不保持を宣言した。

　ところで、戦争とは、国家間の利害、主張の不一致と対立が嵩じて起こるものである。とすれば、戦争を放棄する最も確実な方法は、そもそも国家間の利害、主張の不一致と対立を発生せしめないようにすること、となろう。それでは、国家間の不一致と対立を回避する方法とはどういうものだろうか。それは、他国の利害・主張と対立する自国の利害・主張をあらかじめ自粛し、一方で相手の利害、主張を可能な限り受容すること、となるであろう。

　われわれ日本人は、戦後、このような思考を多分に無意識に行ってきたとは考えられないだろうか。すなわち、戦争の放棄を盤石にする手段とは、そもそも、国家間の不一致と対立の要因をこちら側から「放棄」することだ、と考えられているのではないだろうか。

　このような考え方の特徴は、国家間の利害・主張の不一致や対立を戦争への傾斜のはじまりとして、両者を連続した断ち切りにくい関係のも

のとしてとらえるところにあると言える。別の言い方をすれば、われわれは戦争を、対立がこじれた結果として推移的に「なる」あるいは「起こる」ものとして——逆に言えば、戦争を、ある相手を対象として、あえて選択、決断してそれを「する」、あるいは「起こす」ものとしてではなく——とらえているのではないだろうか。

　以上のような推測の妥当性を確かめるための一つの方法は、われわれが「戦争」と、その近接的な概念とをどう区別しているか、ないしはしていないかを見てみることである。

　そのような近接的な概念として「紛争」という概念がある。

明瞭には区別されていない「紛争」と「戦争」

　「紛争」とは何なのだろうか。それをわれわれは「戦争」とどのような関係のものとしてとらええているだろうか。

　以下、「紛争」「戦争」にかかわる用例や事典・辞書解説について検討し、両者の関係がどう把握されているかを見てみたい。

　中学校公民教科書には、次のような記述が見られる（下線は引用者）。

　「戦争はなぜおこるのでしょうか。かつては領土を広げたり資源を得たりするための戦争もありましたが、それに加えて現在では、自分たちとは異なる考え方や暮らしをする人々への不信感のために起こる戦争も増えています。（略）民族や宗教の違いによる不信感が、戦争をおこすこともあります。ソマリアでは、民族の違いのため内戦が続き、またカシミールでは、宗教のちがいのため隣国どうしの国境紛争が続いています」[21]。

　この教科書記述では、「戦争」「内戦」「紛争」の三つの用語が見られる。ただし、「ソマリア」「カシミール」の事例に「内戦」「紛争」が使い分けられていることから、包括概念が「戦争」で、それが、事例ごとの属性の何らかの違いに応じて「内戦」「紛争」と表現し分けられているものと考えられる。したがって、この事例では「戦争」が上位概念で、「紛争」は何らかの固有の属性を持った「戦争」の一種類であり下位区分である、と把握されているとみることができる。

次に、事典・辞書的解説の一例を引く(下線は引用者)。

「①<u>紛争とは、敵対する戦力が武力を行使して争うことである</u>。②裁判における紛争や、経済における紛争など<u>いくつかの主体が激しく対立している状態</u>も指す場合がある。③<u>国際法においては戦争は国家間で行われるものであるため、非国家が主体となった武力衝突である場合に紛争と呼ぶ場合がある。</u>④軍事的には、<u>紛争は比較的小規模な武力衝突であり、戦争はより大規模全面的な武力衝突であると考えられている</u>」[22]。

この解説では、「武力を行使した争い・武力衝突」を上位概念として見ることができ、それが「戦争」と「紛争」とに区分されて定義されている。まず「戦争」とは、国際法的にはその当事者が国家であり、また軍事的には大規模全面的な武力衝突であり、一方で「紛争」とは、非国家が主体で、比較的小規模な武力衝突とされる。また、武力衝突に至らずとも、激しい対立の状態をも「紛争」と呼ぶとされる。

以上にみたように、事例によって「紛争」と「戦争」の概念の関係付けは異なっている。しかし、両例に共通なのは、「紛争」は、「戦争」とはその当事者、規模などにおいて相違があるにしても、ともに何らかの「武力の行使」「武力衝突」を意味しているという点である。このように、「紛争」と「戦争」とは、ともに何らかの武力衝突状態を意味して用いられているという点では、両者に明瞭な外延的区別がなされていないことがわかる。すなわち、われわれは「戦争」概念を、少なくとも「紛争」概念との関係では連続したものととらえていることが、みた限りにおいては明らかである。

しかも、武力衝突に至らない激しい対立の状態をも「紛争」と呼ぶ場合があることを加味すれば、本節はじめの推測、すなわちわれわれは「国家間の利害・主張の不一致や対立を戦争への傾斜のはじまりとして、両者を連続した断ち切りにくい関係のものとして」とらえているのではないかという推測には、一定の妥当性が主張できるのではないかと考える。

このように、紛争状態と戦争状態を、一連の断ち切りにくい関係のものとしてとらえると、われわれが選択すべき「正しい」道は、ともかく

紛争を回避し、紛争を「放棄」する、とならざるを得ない。したがって、ともかく相手に異議を唱えない、という過剰受容的選択肢しか残されていないことになる。このように、「紛争と戦争を連続するものとしてとらえる思考法」が、われわれの過剰受容的傾向を生む第三の要因として考えられるのである。

紛争解決の一手段としての戦争

　ところが、「紛争」と「戦争」に関する、以上とはまったく異なる定義と捉え方がある。

　K. E. ボールディングは、「紛争とは、競争のある状態であり、そこではいくつかの当事者が潜在的な将来の位置が両立していないことを意識していて、しかも、各当事者がほかの当事者の欲求と両立できない一つの位置を占めようと欲求しているような競争状況と定義されうる」と述べる[23]。

　この定義は、「紛争」を、いわば一つしかない椅子に複数の人間が座ろうと欲求している状態、として捉えている。その状態それ自体は、「競争」あるいは対立、争いの状態ではあっても、決して武力・暴力が行使されている状態ではないのである。

　この定義は、紛争をもっとも広義に抽象的にとらえた定義とみることもできるが、紛争をコミュニケーションの状態としてとらえた定義である、とみることもできる。つまり、この定義は、紛争を、「Aだ、いやBだ」「これは私のものだ、いや私のものだ」という言い争いの状態、意見・主張のぶつかり合いの状態として捉えているとみることもできるのである。

　では、このような紛争の定義に基づくと、「戦争」とは何だろうか。

　加藤朗は、「戦争とは、敵を強制してわれわれの意志を遂行させるために用いられる暴力行為である」とするクラウゼヴィッツの有名な戦争に関するテーゼを踏まえ、またボールディングの理論を継承して、紛争概念を次のように整理する。

「一般に紛争は、『主体』(actor)、『争点』(issue)、『手段』(means)、の三つの要素と『場』(field)からなる」。「主体とは、争点を認識しつつそれを解決しようと欲求する合理的な行動主体」であり、「個人、家族、企業、(略)国家、国家集団、国際機構など多種多様、多元的である」。「争点とは、紛争研究の第一人者ケネス・ボールディングの言を借りれば、主体が両立できない潜在的な将来の位置のことである。たとえばある島の帰属」がそうであり、「争点は、このような生存、安全、富と言ったいわゆる『福祉価値』に関わる具体的な問題だけではない。宗教、思想、信条などのいわゆる『名誉価値』に関わる抽象的な問題も争点となる」。そして「手段とは、争点を解決する手段である。手段には話し合いや交渉といった平和的な手段から、威嚇、恫喝、脅迫などの精神的暴力そして、破壊活動、ゲリラ活動、通常戦争はては核戦争等の物理的暴力まで様々な種類がある」[24]。

　すなわち、加藤によれば、「戦争」とは「紛争」を解決する一つの手段である。

　紛争解決の手段には、全体として、「話し合いや交渉」といった「平和的手段」から、「威嚇、恫喝、脅迫」などの「精神的暴力」、そして「ゲリラ活動、通常戦争」などの「物理的暴力」、という種類と段階のグラデーションが想定されている。

　以上のように、ボールディングおよび加藤によれば、「紛争」とは「当事者間の欲求の非両立から生じる競争状態」であり、意見が衝突する状態である。そして、「戦争」すなわち物理的暴力行使とは、その紛争解決の一つの手段として位置づけられる。

　このような紛争の概念定義と、紛争と戦争の概念区別は、きわめて重要かつ有益なものである。このような概念の定義と区別を自覚することで、われわれにおける、ここまで指摘してきた過剰受容的傾向を是正する、以下に論じるようないくつもの可能性が生まれるからである。

砂場の紛争のいろいろな解決法

　紛争と戦争を基本的に区別しない従来の思考法の問題点は、その発想が結局のところ、相手の主張の全き受容か、しからずんば戦争かという二分法に陥る点にある。

　しかし、社会科授業において国際政治と外交の問題を取り上げる際には、学習者に、国際社会の紛争解決や、対立する相手との紛争解決をめざすコミュニケーションにおいて、過剰受容という以外に、できるだけ幅広い「次の一手」の選択肢を着想する発想力を育成することが必要である。どのようなリスクを回避し、どのようなリスクを取るべきかを意思決定するのは、その上でのことである。その際、想定された選択肢の幅広さは、当然、意思決定の質を左右してくる。

　紛争を当事者間の欲求の非両立から生じる競争状態とみるボールディングのとらえ方は、加藤が指摘するように、そのような紛争を解決するための多様な諸手段の存在への気付きを生む。

　このことを具体的に理解するために、きわめて身近な事例として、二人の児童が砂場で一つのスコップの使用権をめぐって言い争いをしている状態を想像してみよう。

　まず、この状態自体は、紛争（というコミュニケーション状態）ではあるが、戦争ではない。しかし、もし、一方が他方を殴ってスコップを奪い取るに至れば、この状態が戦争である。つまり、戦争とは、紛争というコミュニケーションが実力（暴力・武力）行使に発展した状態を意味する。

　しかし、この紛争は、実力行使以外にも多様な解決方法がある。

　まず、「あきらめる」という方法がある。すなわち、自己側の主張を放棄し、相手側の言い分を全面的に受容することによって紛争状態を回避、解消するという方法である。ここまでにみた過剰受容とは、このような方法を取る場合である。

　しかしながら、この他にも紛争解決の多様な方法がありうるのである。たとえば、「昨日から君がずっと使っているのだから僕にも貸して」などと機会の公正性規範に訴えて「説得」する方法、「君のスコップを僕

のバケツと取り替えよう」などと「取り引き」を持ちかける方法、「先生、○○君がスコップを独り占めするんです」などと「権威に裁定を依頼」する方法、「順番に使おう」などと「ルールの提案」をする方法、あるいは、普段から友達に親切にすることによって相手の譲歩を引き出すという方法（いわゆる「ソフトパワー」の形成と行使）、場合によっては、「貸してくれないと、どうなるかわかってるか」などと「威嚇、恫喝、脅迫」するという方法、などである。

　この最後の方法は、実力の発動をほのめかすが、実力発動そのものとは区別しなければならない。

　以上の諸手段は、一つだけしか採用できないとは限らず、多重的に、または段階的に組み合わせて行使できるのである。

　このように、「紛争」を「戦争」と切り離す思考法をとることによって、外交問題を過剰受容的方法のみによって回避的に処理するだけではなく、また他方で実力行使のみに依存して打開するのではなく、その解決の方法、相手との合意形成の方法をバリエーション豊かに構想することができるようになるのである。

相手と自分は何をめざしているのかの分析

　次に、加藤が指摘する、紛争の「争点」に関する「福祉価値」「名誉価値」の区別、すなわち、紛争において争われているのは物質的、経済的利益か、それとも（宗教、文化・伝統、ナショナリズムなどの）精神的価値か、あるいはその両方か、という基本的区別は、次のように、紛争解決コミュニケーションを行う学習者の着想を柔軟にし、幅を広げる点で、やはりとても有益である。

　すなわち、紛争当事者各々が何を最重要のものとして求めているのか、それは物質的価値か、だとしてどのようなものか、それとも精神的価値か、だとしてどのようなものか、何を死活的に重要と考えているか、何はどこまで譲歩できると考えているか、何は当面棚上げできるか、などの点に関する考察は、何よりまず、相手の要求に関する分析に活用でき

る。のみならず、自己自身の欲求を自覚化することにもなる。

　このように、自他の要求内容を分析することは、とりうる紛争解決策の着想を柔軟にし、幅を広げ、交渉において合意への到達可能性を高めるであろう。また、このような目標の分析は、自分自身が追求すべき価値・目標は何であるか、自分は何を譲歩でき、また何を譲ってはならないかを自覚することによって、過剰受容的傾向の克服に資するであろう。

軍事力のもつ紛争解決コミュニケーション上の機能の理解

　さらに、加藤における「精神的暴力」と「物理的暴力」の区別は、国際政治、外交における軍事力の役割に関して、学習者がしばしば陥りがちな、「軍備の保有＝戦争への道／非武装＝平和への道」といった素朴な二分法的認識の再考を求める効果が期待される。

　軍備の保有を、戦争へのとどめがたい傾斜の始まりと認識してしまうと、それを防ぐ手段は非武装しかない。しかし、それは言いかえれば、他国のわれわれに対する軍事力行使をも「受け入れる」ことを意味しうるものであるから、究極の過剰受容であるということができる。

　しかし、加藤が指摘するように、紛争解決の方法には、いわば白（平和的話し合い）と黒（戦争）の両極の間に多様なグレーのグラデーションがある。そのグレーゾーンにおいて、軍事力とは、それが実際に使用されなくとも、コミュニケーション上言及されるだけで、「威嚇、恫喝、脅迫」すなわち相手にこちらの望む行動を取らせる効果や、「抑止」すなわち相手の次の行動を思いとどまらせる効果という「精神的暴力」効果を発揮しうる。それによって、紛争を戦争に至らせずに解決する一手段となりうるものである。

　また、中西寛は言う。軍縮（あるいはその極限値としての非武装状態）を素朴に評価し期待する見方は「軍備を単なる物理的破壊の道具としか見ず、その心理的、政治的作用を深く洞察していない」[25]。すなわち、軍事力が、紛争解決コミュニケーションにおいてもつ心理的効果、シンボル的機能を理解することが重要なのである。──第1章で言及した映画

におけるマクナマラのセリフを借りれば、「軍備とは、言葉なんだ」と表現できるであろう。

　日本の社会科教育において、ともかく軍備はNOといった価値判断を、日本の置かれた東アジア国際環境や国際社会の諸現実と整合性を保って学習者に伝達し保持させることは、困難であるというのが本書の認識である。

　たしかに、諸事情から言って非常に難度の高い課題ではあるのだが、社会科教育は、学習者に、自国の安全保障政策に関する考察と議論を組織すること、および、国際社会の安全保障の問題にわれわれがどのように関わっていくのかを考察させ議論させること、の二点を行っていかねばならないと考える。

　そのためには、学習者に、紛争解決コミュニケーションにおいて軍備が果たす精神的・心理的、シンボル的機能を認識させることによって、まず、自国の安全保障政策に関し、非武装という極限値以外の多様な実力保持の状態を、適切な抑止力を確保[26]するための選択肢として意識できるようにすることが必要である。

　また、紛争解決コミュニケーションにおいて軍備が果たす機能を認識させることは、国連を軸とした国際社会の紛争解決と集団安全保障の取り組みを理解させ、その当事者として現実的に関わり、意思決定に参加していく国際政治の実践者を育成する上で、不可欠である。具体的に言えば、たとえば「テロに屈する過剰受容の国家」といった国際社会の評価を得てしまうことは、非軍事的手段によって国際社会の平和創造に貢献する、という日本の外交姿勢に対する国際社会の理解度を、決して高めないであろう。

相手を変化させるさまざまな方法

　以上のように、紛争を戦争から概念的に区別することによって、次の三点において、われわれ自身の、そして学習者の過剰受容的傾向の是正を図りうることが明らかとなったと考える。

①外交問題を過剰受容的方法のみによって処理するのではなく、その解決と合意形成をめざすコミュニケーションのさまざまな方法を、多水準ないし段階的に構想することができる。

②紛争当事者がめざしている価値を考察することによって、紛争当事者の相手のみならず自己の目標分析ができ、何を追求すべきか、何は譲歩できるか、などを自覚的に検討することによって過剰受容的傾向を克服しうる。

③軍備保有の紛争解決コミュニケーションにおける機能を認識することによって、自国の安全保障政策に関して、また国際社会の平和創造の取り組みにおいて、非武装、非軍事という極限的な過剰受容的方法以外の多様な選択肢を意識できる。

このように、紛争を戦争から概念的に区別することによって、対立当事者の自他のうち、自己のみではなく、コミュニケーションを通じて相手も変化させうる対象であることの認識、および、相手の考え方や意思決定に対して何らかの影響を与え、その変化を促し、合意形成に至りうるコミュニケーションの方法は多様に存在しているという認識を育成することが可能になる。

これらの育成は、単に認識育成と呼ぶよりも、不確実な問題状況の中で積極的にリスクテーキングなコミュニケーションを行いうる能力、意欲、自己効力感、主体性、などの育成と表現してもよいような、学習者の社会的実践者、コミュニケーション実践者としての基本的な力量形成を意味している。そして、このような力量を育成することは、国際政治や外交の問題を扱う授業に限らない、社会科教育の重要な目標理念として考えられるべきものである。

第4節　学習者に交渉コミュニケーションを体験させる意義

紛争は「放棄」されるべきか

前節では、「紛争」と「戦争」を概念区別することによって、紛争解決のための多様なコミュニケーションの手段構想が開け、それによって過剰受容的傾向を是正することができることを論じた。

さらに、この概念区別によって、次のような問いを立てることも可能である。すなわち、戦争状態が強力に抑止され回避されるべき状態であることは論をまたないとしても、紛争状態をも戦争状態と同様に強力に抑止、回避しようとすることが果たして妥当か、という問いである。言いかえれば、「戦争＝悪」としても、同時に「紛争＝悪」と言いうるかという問いである。

たしかに、紛争はしばしば悲惨な武力衝突へと発展しうる。しかしながら、他面において紛争とは、人間個々人や各国家、各民族・文化の自己主張、価値主張、主体性と多元性の発露であると見ることもできる。すなわち、紛争とは、人々の対立的あるいは論争的なコミュニケーションの営みそのものなのである。したがって、C.ムフが主張しているように、それら全般を抑止したり克服しようとすることは、人間の精神と行動の自由への制約、その多様性と多元性の縮減、さらにそのような多様性・多元性を学ぶ機会の喪失につながるという観点から、かえって大きな弊害を生むと考えられる。

この問題は、憲法第９条を軸とした日本の戦後外交、安全保障政策の評価にも関わってくる。ともすれば、戦後の日本国政府およびわれわれ国民は、他国との間に対立や紛争がないことそれ自体を理想と考え、現実に存在する紛争（たとえば貿易摩擦、領土問題、拉致問題、歴史認識問題など）について、「相手の言い分をすべて受け入れる」との過剰受容的解決か、場合によっては「問題が存在しないことにする」との自己欺瞞的「解決」を図る傾向が、かなり強く存在したとは言えないであろうか。憲法第９条が禁じ、放棄したのは、「国際紛争を解決する手段として」の戦争と武力による威嚇やその行使であって、国際紛争そのものではないことを確認することは、言うまでもないことのように見えて、きわめて重要なことのように思われる。

正反対の目的を同時に追求する「交渉」

しかし、外交とは、紛争そのものではない。すなわち、対立的、論争的コミュニケーションそのものではない。かと言ってそれは、紛争を放棄し、対立から降りることでもない。外交とは、「対立しつつ対立を解決しようとする」コミュニケーションの営みであり、そのようなコミュニケーションが、外交に限らず、通常「交渉」と呼ばれるものである。

ボールディングと並んで紛争理論の第一人者と目される T. シェリングは、次のように述べる。

「紛争当事者が『勝利』を追求しあうことをイメージするからといって、戦略の理論は当事者の利益がつねに対立しているとみなすわけではない。紛争当事者の利益には共通性も存在するからである」。このことは「対立と相互依存が国際関係においては並存しているという事実から生み出される」。

「相互に被害をこうむる戦争を回避する可能性、被害の程度を最小化するかたちで戦争を遂行する可能性、そして戦争をすることでなく、戦争をするという脅しによって相手の行動をコントロールする可能性、こうしたものがわずかでも存在するならば、紛争の要素とともに相互譲歩の可能性が重要で劇的な役割を演じることになる」。

「ゲーム理論の用語を用いれば、最も興味深い国際紛争は、『ゼロサムゲーム』ではなく『非ゼロサムゲーム』（一方が得をし他方が損をするが、当事者の利益の総和がプラスマイナスゼロではない状態）である。お互いを利する結果へ到達することには、共通の利益が存在する。紛争の戦略という見方をとれば、多くの紛争が本質的に交渉状態にあることがわかる」[27]。

このようにシェリングは、紛争、対立状態とは、本質的に交渉状態であるという。しかも、戦争状態すら交渉状態ととらえることができると述べている。なぜなら、たとえ一方が得をし他方が損をする状態で終わるとしても、戦争を終結させることには共通の利益が存在するからである。

したがって、紛争の当事者は、相互の明示的要求において赤裸々に対立しているとしても、紛争の終止という共通の利益をめざしている点に関しては、交渉関係にある。

このように、交渉とは、対立しながら協調を模索するという正反対の目的を同時に追求する、ジレンマに満ちたコミュニケーションである。対立を追求しすぎると合意は困難となり、協調を追求しすぎると過剰受容に陥る。交渉当事者はともに、この二つのリスクのはざまで、何とか解を見出さなければならない。しかし、そのような交渉がいかに困難な作業であっても、合意が達成されないよりはされる方が望ましいという点での合意が両者に基本的に成立している限り、交渉を続けていくことができる。このように、いかに深刻な紛争と対立の中においても、合意と和解の希望があることを指摘した点が、シェリングの功績である。

交渉ペアの数だけさまざまな合意

ところが、国際社会、人間社会においてこれほどに重要な役割を果たす交渉というコミュニケーションが、社会科教育においては、まったく注目されてこなかったと言ってよい。社会的問題解決能力を育成することを一貫してめざしてきた社会科教育において、学習者にこのような交渉コミュニケーションの意義を理解し、体験させることの重要性が、なぜ今日まで主張されないできたのか、不思議であると言える。

しかし、その理由としてはまず、本章で論じた過剰受容的傾向が指摘できる。すなわち、自国と国際社会、ひいては自己と他者の関係を、「独立変数」どうしの交渉・コミュニケーションとしてみる観点が、社会科においてそもそも希薄であったと考えられるのである。しかし、もう一点考えられる理由がある。それは、本章第1節で述べたように、従来の社会科授業が、その成立根拠を「大人と子どもの知識・判断力の落差」のみに求めてきたということである。

交渉というリスクに満ちたコミュニケーションにおいては、あらかじめ「大人の」正解は想定できない。第2章でも述べたように、ある紛争

の解決方法に関して、社会科授業で学習者が行う模擬交渉と、国連本部の一室で交わされる交渉との間に、その紛争の解決に取り組む交渉コミュニケーションであるという点において本質的な差はないし、後者における合意内容が、前者における合意内容よりもましであるという原理的な保証もないのである。このような「正解」のないコミュニケーション活動を、社会科は扱いかねてきたと言える。

　授業において学習者に交渉コミュニケーションに取り組ませたならば、交渉ペアの数だけの、さまざまな合意（あるいはその失敗）が発生しうる。学習者は、不確実性に満ちた紛争、対立の状況において、リスクテーキングなコミュニケーションを通じて「いくつもの未来」を切り開いていくことになる。このような体験が、自国の外交に対する責任ある判断と意思決定の主体であるとともに、国際社会の諸問題に積極的に発言し関与していく学習者の育成をめざすべき、今日の社会科教育においては、ぜひ必要なのである。

　このような目的意識のもと、第5章においては、筆者が学生とともに開発した外交交渉ゲーム「インディペンデンス・デイ」の概要と、その実践結果について紹介したい。あらかじめゲーム内容について少し予告しておくと、「どんなサンフランシスコ講和条約と日米安全保障条約にするかは生徒たち次第」というゲームである。

注

1. クラウゼヴィッツ『戦争論』における有名な格言「戦争は、他の手段をとった政治（外交）の継続である」というテーゼは、このことを示している
2. やや古いが端的なデータとして、平成17年度検定版の中学校社会科公民的分野の8社の教科書を通覧すると、そもそも「外交」という言葉自体が登場する教科書が3社しかない。この3社のうち、国家間の利害調整をはかる政治の機能として外交を概念規定しているのは1社（扶桑社）のみであり、他2社の記述は次のようなものである。「国際社会における国家間の交わり（外交）には、ルールが必要である」（清水書院）。「日本の外交は、憲法に定める平和主義のもと、非核三原則をかかげてすすめられてきた」（日本文教出版）。実質的にみて、半数以上のシェアを占める東京書籍版にこの言葉自体がないことは、多数の生

徒が、外交という営みについて何ら学ぶことなく義務教育を終えた可能性があることを示している。
3　岡崎玲子『レイコ＠チョート校』集英社新書、2001年。
4　同書、p.169。
5　同書、p.182。
6　この困難を「克服」する一つの方向は、第1章でみた藤原実践の「レベル5」の設定のように、「争いのない社会の実現」「地球市民による協調的な国際社会」といった何らかの高度な価値・規範を教示することである。しかし、このような価値・規範収斂的な授業構成を行うことの難点は、結局それが、授業の「一本道」化すなわち学習者の受動化という代償を支払う点にある。
7　岡崎が報告するこの実践は、外交交渉を扱った事例というだけではなく、ゲーミングシミュレーションの手法を本格的に授業に導入した事例の報告としても注目に値する。この報告についての同様の評価として、次を参照。市川新「教師のゲーミングファシリテーション技術」、日本シミュレーション＆ゲーミング学会編『シミュレーション＆ゲーミング』vol.19、No.1、2009年、pp.101-111。
8　H. ニコルソン、斉藤眞・深谷満雄訳『外交』東京大学出版会、1968年（原著1939年）、pp.84-86。
9　同書、pp.2-5。
10　中学校社会科学習指導要領（平成20年公示）を通覧すると、「外交」の用語・概念自体は登場していない。しかし、特に公民的分野に関しては、「(3) 国際的な相互依存関係の深まりの中で、世界平和の実現と人類の福祉の増大のために、各国が相互に主権を尊重し、各国民が協力し合うことが重要であることを認識させるとともに、自国を愛し、その平和と繁栄を図ることが大切であることを自覚させる」と目標規定している。このように、国際社会の中でのわが国のあり方に関する学習は社会科の重要な学習課題の一つとして位置づけられており、この点では小学校社会科指導要領も基本的に共通である。そして、国際社会におけるわが国のあり方は、常に他国家との相互関係の中で、すなわち外交関係の中で模索されざるを得ないのであり、そのような自国の外交のあり方に関する学習は、「国際社会に生きる平和で民主的な国家・社会の形成者として必要な公民的資質の基礎を養う」という目標課題の重要な一部分であると言える。
11　今谷順重『新しい問題解決学習の提唱』ぎょうせい、1988年、pp.229-236。本章で取り上げた実践の実施校は神戸大学教育学部附属住吉小学校、実践者は山本幸夫教諭。
12　ここでは「意思決定」ではなく「意志決定」の用語が用いられている。
13　今谷前掲書（注11）、pp.234-235。
14　小原友行「社会科における意思決定」、社会認識教育学会編『社会科教育ハン

ドブック』明治図書、1994 年、p.174。
15 もうひとつの方法としては、威嚇、恫喝、脅迫によって相手が「断れない提案」をし、相手の答えをイエスに一本化するという方法がある。注 20 をも参照。
16 梅棹忠夫『文明の生態史観』中公文庫、1974 年、pp.41-42。原文の傍点は略。
17 内田樹『日本辺境論』新潮新書、2009 年、p.53、原文の傍点は略。
18 同書、p.80。
19 同書、p.100、原文の傍点は略。
20 対外的な過剰受容的傾向は、実は対外的な過剰強硬的傾向と表裏をなす。対外的な過剰強硬的傾向とは、自国は「定数」で他国は「変数」であると決めてかかる外交姿勢ということができ、わが国では、戦前の、特に対アジア外交において顕著であった問題性である。また、戦後から今日において、たとえばグローバルな枠組みへの参加如何が問題となったときなどに見られる「全き受容か、全き拒否か」という「開国か鎖国か」型の議論の傾向は、過剰受容的傾向と過剰強硬的傾向への二分裂と見ることができる。このような過剰受容的傾向と過剰強硬的傾向は、ともに、第 4 節で言及するシェリングが指摘するように、対立の中での共同利益の模索という「非ゼロサムゲーム」として国際交渉をイメージしていない点で共通である。
21 帝国書院平成 17 年度検定版、p.155。
22 Wikipedia「国際紛争」の項（2011 年 9 月 21 日現在）。
23 K.E. ボールディング、内田忠夫・衛藤瀋吉訳『紛争の一般理論』ダイヤモンド社、1971 年（原著 1962 年）、p.9。
24 加藤朗『現代戦争論』中公新書、1993 年、pp.35-37。
25 中西寛『国際政治とは何か』中公新書、2003 年、p.105。
26 この「適切」性の学習においては、自国の軍備の保有が相手を刺激し、相手の軍備の保有を拡大させる、という、いわゆる「安全保障のジレンマ」の問題をも視野に入れさせる必要がある。この問題は、コミュニケーションの二重の不確実性の問題の一種であると言える。
27 T. シェリング、河野勝訳『紛争の戦略』勁草書房、2008 年（原著 1960 年）、pp.4-5、（　）内は原著書注記をもとに引用者補記。

第5章

外交交渉ゲームが開く「いくつもの戦後日米関係」

第1節　外交交渉ゲーム「インディペンデンス・デイ」

ゲーム開発のねらい

　本章では、本書第1章で述べた、社会科授業に〈イフ〉を導入するBタイプのアプローチによる授業開発の一事例として、筆者が指導学生[1]とともに開発した外交交渉ゲーム「インディペンデンス・デイ」を紹介する。

　このゲームは、学習者に、交渉——すなわち、利害、価値において対立する相手との間で、自己の利益・価値の実現を追求しながら、同時に相手との協調を模索するリスクテーキングなコミュニケーション——の実践体験を持たせることを目的として開発した。題材として取り上げたのは、第二次世界大戦後の占領下日本と、占領国アメリカとの、日本の独立と戦後日米関係の構築をめぐる外交交渉である。このような自国の歴史上重要な外交交渉の事例を取り上げ、学習者にその仮想的実践を行わせることを通じて、本ゲーム実践では、次のような目標を達成できればと考えた。

①歴史・社会過程がはらむ可能性、不確実性への気付き

　歴史の過程は、現実に起こった事実以外の事態が起こりえた可能性と不確実性をはらんで展開してきたことに気付かせる。すなわち、社会の

過程のある時点において、未来は不確実であり、「いくつもの未来」の可能性があることに気付かせる。

②主体性、能動性、社会的当事者意識および社会的責任主体意識の形成
　国家や社会の未来は、国際社会の未来をも含めて、自己の関与、参加によって変化させていきうることに気付かせる。それとともに、自己の社会への関与、参加には、その結果に対する責任が伴うことにも気付かせる。

　このゲームを実施すると、学習者の交渉グループの数だけ、「いくつもの戦後日米関係」が出現すると予想される。言いかえれば、「さまざまなサンフランシスコ講和条約と日米安全保障条約」が出現することとなる。そこで、そのような多様な〈イフ〉の中に、実際の歴史的事実としての戦後日米関係（本物の講和条約と安保条約）を置いてみることによって、その歴史的事実（＝現在の日米関係のあり方の原型）を批判的に検討することも可能となるであろう。そこで、本ゲーム実践においては、次のような目標も意識した。

③歴史・社会的事実を批判的に検討できる視点の獲得
　自らの仮想的実践の結果として生じた多様な仮想的結果を、歴史・社会に事実として生じた結果と比較させ、歴史・社会的事実が成立した原因や条件を考察させるとともに、よりよいあり方はなかったかという観点から、それを批判的に評価させる。

　本章では、以下、まずゲームそのものを紹介し、その概要について説明を行った後、高校「世界史Ａ」授業での実際のゲーム実施の事例を紹介し、その教育効果について検討を行う。最後に、今後の課題についての考察を行う。
　次ページからは、「インディペンデンス・デイ」ゲームで実際に生徒に配布するシートを掲載する。

第5章　外交交渉ゲームが開く「いくつもの戦後日米関係」　131

外交交渉ゲーム
"Independence Day"

※写真説明
① 1945（昭和20）年、敗戦の報を聞いて慟哭する日本兵捕虜
② 1951（昭和26）年、サンフランシスコ講和会議での日本代表の調印
③ サンフランシスコ講和会議での米国代表の調印
④ 1952（昭和27）年4月28日、独立を喜ぶ子どもたち

○ゲームの概要

大国Aと小国Bの外交団として、チームで外交交渉を行うゲームである。

○ゲームの状況

- 大国A、小国Bに加えて、大国Cが登場する。
- A国とB国間の戦争がA国の勝利という形で終結して間もない時期であり、戦争によって互いに甚大な被害を受け、大きな犠牲を払った。
- B国は現在、A国の占領下にあり、B国の軍隊は解散し、A国の軍隊がB国内に駐留している。よって、占領にかかるA国の費用は大きい。
- B国は工業生産力・技術力を持っており、A国は再びB国と戦争になることを避けるために、占領下でB国の工業生産力・技術力を抑制しており、貿易についても制限している。
- C国はA・B間の戦争期から大国としての力をつけてきた新興国であり、A・B間の戦争終了後、A国とC国は対立状態にある。C国はA国との対抗上、B国との友好関係や交易関係を強く望んでいる。

○プレイヤーの目標

プレイヤーは、A国側外交団3〜4名とB国側外交団3〜4名の2チーム。

- B国の目標：占領下にある現状を打破し、独立をめざしてA国と交渉を行う。
- A国の目標：B国と交渉を行いつつ、C国との対立を有利に保つ必要がある。

○交渉における争点

- A国・B国の外交団は、少なくとも

> ①B国の独立の承認について
> ②B国内のA国駐留軍について
> ③B国の独自の軍隊について
> ④B国の工業生産品の貿易について

以上4つの争点に関して交渉を行わなければならない。

- A国とC国の対立は世界規模に拡がり、A国圏・C国圏が世界規模で存在している。そのため貿易には選択肢として、世界自由貿易・A国圏貿易・C国圏貿易が存在している。
- A国・B国外交団は共に、B国が独立したとしても、もしくはしなかったとしても、その後の両国関係やC国との関係について考慮しなければならない。
- 上記4つの争点に関して交渉を行わなければならないが、時間内にすべてに関して合意に達しなければならないわけではない。

○ゲームの進行

①B→Aカードの提示（8分）：B国の外交団で話し合い、BはAに要求カードを提出する。

②A→Bカードの提示：（8分）：Bからの要求カードを受けて、A国の外交団で話し合い、AはBに返答カードを提出する。

③各外交団内での検討（5分）：互いのカードを受けて、次の直接交渉に向けて各外交団で話し合う。

④第1回交渉（8分）：互いのカードの内容を基に、A国外交団とB国外交団の全員で直接交渉を行う。合意に達した点については調印文書に書き込む。

⑤各外交団内での検討（5分）：直接交渉で4つの争点についてすべて合意に達しなかった場合、各外交団で最終交渉に向けて　もう一度話し合う。また、すでに達した合意に関して再検討してもよい。

⑥第2回交渉(8分)：A国外交団とB国外交団の全員で最終交渉を行う。
⑦合意文書の作成(3分)：以上の交渉を経て、合意点を合意文書に書き込み、内容を確認し、最後に各代表1名が署名を行う。

○メモ

○要求カード（正式用）

B国からA国へ
①独立について、私たちは

\[\]

を要求します。

②B国独自の軍隊について、私たちは

\[\]

を要求します。

③独立後のB国内におけるA国軍の駐留について、私たちは

\[\]

を要求します。

④B国の工業生産品の貿易について、私たちは

\[\]

を要求します。

⑤その他、私たちは

\[\]

を要求します。

○要求カード（控え用）

B国からA国へ
①独立について、私たちは

[　　　　　　　　　　　　　　　　　　　　　　　]

を要求します。

②B国独自の軍隊について、私たちは

[　　　　　　　　　　　　　　　　　　　　　　　]

を要求します。

③独立後のB国内におけるA国軍の駐留について、私たちは

[　　　　　　　　　　　　　　　　　　　　　　　]

を要求します。

④B国の工業生産品の貿易について、私たちは

[　　　　　　　　　　　　　　　　　　　　　　　]

を要求します。

⑤その他、私たちは

[　　　　　　　　　　　　　　　　　　　　　　　]

を要求します。

○返答カード（正式用）

A国からB国へ

①独立について、私たちは

```
[                                    ]
```

と返答します。

②B国独自の軍隊について、私たちは

```
[                                    ]
```

と返答します。

③独立後のB国内におけるA国軍の駐留について、私たちは

```
[                                    ]
```

と返答します。

④B国の工業生産品の貿易について、私たちは

```
[                                    ]
```

と返答します。

⑤その他、私たちは

```
[                                    ]
```

と返答します。

○返答カード（控え用）

A国からB国へ
①独立について、私たちは

[　　　　　　　　　　　　　　　　　　　　　　　]

と返答します。

②B国独自の軍隊について、私たちは

[　　　　　　　　　　　　　　　　　　　　　　　]

と返答します。

③独立後のB国内におけるA国軍の駐留について、私たちは

[　　　　　　　　　　　　　　　　　　　　　　　]

と返答します。

④B国の工業生産品の貿易について、私たちは

[　　　　　　　　　　　　　　　　　　　　　　　]

と返答します。

⑤その他、私たちは

[　　　　　　　　　　　　　　　　　　　　　　　]

と返答します。

第5章 外交交渉ゲームが開く「いくつもの戦後日米関係」 139

○合意文書

A国代表　　　　　　　　　B国代表

臨時ニュース

　臨時ニュースを申し上げます。

　B国の隣国であり、B国とC国の間に位置するD国において、戦争が勃発しました。C国の支援を受けた革命軍により、D国に駐留するA国軍と、A国の後押しを受けたD国政府軍は各地で敗れ、苦戦を強いられている模様です。

　今後の戦況は予断を許さず、A国とC国の緊張状態はいっそう高まるものと考えられます。

第2節　ゲームの内容構成

配布シートについて

　配布物は、
- 表紙　1枚
- ゲームの概要と進行の説明　2枚
- B国よりA国への要求内容を記入するシート　2枚——1枚は相手への手交用、もう1枚は手元控え用(B国チームに配布する)
- A国よりB国への返答内容を記入するシート　2枚——1枚は相手への手交用、もう1枚は手元控え用(A国チームに配布する)
- 合意文書　1枚

からなる[2]。

　この1セットを、担当国で区別しながら、すべての生徒に配布する。生徒一人につき、計6枚の配布となる。

　なお、配布物の最後にある「臨時ニュース」は、サプライズイベントとして、ゲームの最初には配布せず、第1回目交渉の終了直後に突如各チームに1枚ずつ配布する。

ゲームの人数構成と所要時間

　ゲームの人数構成としては、生徒6〜8名ほどで1グループを作り、それを2分割して、3〜4名で1チームを構成し、それぞれA国外交団とB国外交団を担当させる。この2チームが交渉の「対戦」グループとなる。通常の人数の学級では、4つ前後の交渉グループができるであろう。ゲームは、これらのグループの交渉が同時進行で行われる。いわば、いくつもの日米交渉が同時並行的に進行するわけである。

　ゲームの所要時間は、筆者らによる高校での実施の結果を踏まえると、ゲーム後のディブリーフィング(振り返り)も含めて全体で2校時分(約90分)ほどが必要であり、連続した時間を確保できると望ましい。しかし、

別の高校での試験的実施では、第1回交渉直前までを1時目、第1回交渉〜ディブリーフィングを2時目に実施し、その間に2週間の間隔をおいたケースがあった。しかし、この場合でも、2時目冒頭に各チームによる交渉方針の検討時間を若干おくことによって、問題なく実施することができた。

ゲームと史実との距離

　このゲームの開発においては、できるだけ、状況設定やプレイヤーの課題設定などの内容構成を単純化することを心がけた。たとえば、アメリカは「A国」、日本は「B国」として、（さらに、ゲームの背景アクターとして重要なソビエト連邦を「C国」、朝鮮戦争の当事国である韓国を「D国」として）国名を記号化してある。このように単純化、抽象化することによって、中学校での一通りの通史学習を終えた中学校3年生後期から高校にかけての生徒が、誰でもプレイできるようにと配慮した。

　これは、「歴史の授業」という意識を持たずにプレイできるよう配慮したということでもある。ある程度史実を知っていても、それに縛られないでプレイできるように、また逆に、授業が戦後史まで行かずに終わった！という生徒でも、何の問題もなくプレイできるようにと考えて内容を構成した。何より、「歴史は苦手」と自任する生徒たちが、楽しくゲームにのめり込めるようにと考えた。ゲームのタイトルをハリウッド映画風にしたのも、そのためである。

　ただし、逆に、実際の歴史との関連を感じさせる要素を薄めれば薄めるほど、生徒にとっては、このゲームが一体何を意味しているかわからない、すなわち、何についての〈イフ〉かわからない、ということになってしまう危険性もある。このゲームは、実際の歴史的事実とのつながりを強く感じさせすぎても、逆に感じなくさせすぎても、それぞれ弊害がある。社会科授業での活用をめざすゲームを開発する以上、このゲームが歴史的事実から乖離してしまうことをどう防ぐかという点も、考えるべき課題であった。

そこで、配布シートの表紙および「臨時ニュース」に写真を掲載し、実際の歴史の出来事とのつながりをそれとなく感じさせるようにした。表紙の4枚の写真については、その簡単な説明文を表紙中に掲げた。「臨時ニュース」の写真1枚は、朝鮮戦争で出動する戦車の隊列が写されたものであり、特に説明文を付していないが、戦争勃発を強く印象付けるようにしたものである。

実際のゲーム実施では、シートが配られると、自然に生徒はしばらく表紙の写真を眺め、写真説明を読んでいるようである。ゲーム実施者(教師)は、配布シートにしたがってゲームの構成や進行について説明するが、ゲームと史実との関連はあくまで「ほのめかし」にとどめ、実際の史実についての解説などは行わない。

予想されるゲームの流れ

ゲームの状況設定については、占領初期から、冷戦が顕在化してくる占領後期までの状況をひとまとめにしたものとした。そのかわり、ゲームの進行の中で、第1回交渉が占領前記、「臨時ニュース」配布(朝鮮戦争勃発)以後の第2回交渉が占領後期におおよそ対応するものと想定した。

その上で、B国には、A国による占領状態の打破と独立の達成を、A国には、B国との関係の再構成とC国との対立における優位性の確保を、それぞれの課題(ミッション)として課した。

このような状況設定、課題設定とゲーム進行の中で、A国(アメリカ)担当、B国(日本)担当のプレイヤーは、それぞれどのような目標意識を持ち、何を交渉事案とするだろうか。また、各チームの悩みどころは何だろうか。これらについては、以下のように想定した。

まず、A国としては、①B国が再度A国の脅威とならないことを確実化する、②占領にかかる費用を節減する、③C国(ソ連)との対立においてB国をA国の友好国に取り込む、④間違ってもB国をC国陣営に走らせたり、またC国に軍事占領されたりする状態を避ける、とい

う、およそ4つの目的を追求することとなるであろう。このため、交渉初期においては、B国が経済的に豊かになることを①の観点から警戒するであろうが、「臨時ニュース」以降の冷戦の顕在化に伴って、目標①は、しだいに目標③および④に力点を移すであろうと考えられる。そのために、最終的には、B国内にどのくらいの規模の軍隊の駐留を続けるか、および、B国自身の軍事力保有をどのくらいの規模、またどのような目的で認めるか、が交渉事案となってくると考えられる。B国の経済的発展については、当初の抑制的発想から、C国との対抗関係の中で、容認あるいはむしろ支援すべき要素に変化していくであろう。ただし、B国のC国圏との貿易関係は、C国を経済的、軍事的に利する、あるいはBC二国関係が友好関係に発展することを絶対に避けるべきとの見地から、容易にはこれを認めようとしないであろう。

　このように、全体としてA国は、B国を、A国がC国との対立関係において優位性を維持するための手段として従属的に位置付けようと図ると考えられる。しかし一方で、そのためにはB国を独立させ、ある程度の独自の自衛力、軍事力を保有させ、また経済的にも自立、発展させることが、C国との対立において有利との判断がなされると考えられる。このように、A国にとっては、B国をどのくらい従属させ、一方でどのくらい独立させるかが、ゲームの戦略判断のポイントとなるであろう。

　一方、B国としては、①ともかく国家としての独立を果たす、②ただし、A国と再び戦争となることは避ける、③できるだけ幅広い国々との貿易によって経済的に豊かになる、という、およそ3つの目的が追求されるであろう。しかし、判断が揺れる問題は、どのような安全保障の形態をとるか、であろう。とくに「臨時ニュース」以降は、国家として独立を追求すればするほど、すなわちA国（軍）による占領状態を解消すればするほど、自国の安全をどのように確保するかが課題となってくる。そこで、自衛のための軍事力の保有を考えることが必要となってくる。他方で、独自の軍事力の保有は、A国との関係を再び険悪化させる要因と

なりうるだけでなく、A国に依存しない形態での軍事力保有を追求すればするほど、単独でC国の脅威に向かい合わなければならなくなるため、安全保障上の不安は大きくなる。そこで、多くのゲーム展開においては、B国独自の軍隊を保有し、かつA国軍の駐留状態を完全には解消しない、という混合戦略が選択されるのではないかと考えられる。また、B国は、A国との交渉如何によっては、その軍隊を、自衛の目的のみならず、A国とC国との戦争に投入することを認めることとなるかもしれない。

いずれにしても、B国の大きな課題は、A国からの「独立」の度合いを強めるほど「安全保障」の問題を独自にケアしなければならないというジレンマをどう解くか、となるであろう。

B国の考えどころとなるもう一つのジレンマは、C国の活用法についてであろう。C国の存在とA・C両国の対立の激化は、B国にとっては独立へのチャンスである。C国の脅威を交渉材料として、B国独自の軍隊の保有による自衛、それによるA国の占領費用の軽減、またB国の経済的自立と発展の必要、などを主張することが可能となるであろう。しかし一方で、C国の脅威は、A国がB国を従属させ、B国を軍事的、経済的に利用するための理由ともなる。そこで、より強い独立性を勝ち取ろうとするB国プレイヤーは、B国のC国への接近をA国への脅しとして活用するかもしれない。しかし、この方法も諸刃の刃であり、B国のC国への接近を阻止するための、より強力なB国従属化措置を、A国に取らせる要因となるかもしれない。また何より、A国への従属から脱することが、C国への従属を結果する危険性を伴う。これらはいずれも、B国自身にとって望ましい結果ではないであろう。

ゲーム内の体験がもちうる意義

以上のように想定される交渉の流れを経て、このゲームでは、まずA国プレイヤーにおいては、A国の国益や国際戦略の観点からA国がB国を基本的にどのような存在とみなすか、が体験的に理解されるであろうと考えられる。A国の観点から見ると、B国の危機意識の希薄さや、

自国の安全や経済的繁栄のみへの関心、またA国への依存心などが感じとられ、B国に対する「イライラ」の元となるであろう。このように、A国にB国に対するフラストレーションを感じさせることは、戦後日米関係のこれまでの経緯はもちろん、これからのあり方を考えていく上で、重要な学習となると考えられる。

　一方、B国プレイヤーにおいては、「独立」と「安全保障」のジレンマの解を、A国との関係あるいはC国の存在という国際情勢の中で、どのようなバランスで求めるかが、自国のあり方に関する判断や意思決定の主題となるであろう。それを通じて、この問題に出来合いの正解はなく、自分たちが選ぶしかないもの、あるいは、他国との関係の中で可能かつ有効なあり方を模索していくべきものとして理解させることが、わが国の戦後の外交と安全保障のあり方の評価、およびこれからのあり方を考えていく上で、重要な学習となると考えられる。

　この「独立」と「安全保障」のジレンマの問題は、当時において解決された問題ではまったくない。今日の、基地問題や集団的自衛権をめぐる議論も、まさにこの問題の延長上にあるものであり、いやむしろこの問題そのものである。このゲームの中での体験によって、これからの日米関係、ひいては国際社会の中での日本のあり方を、多様な可能性のもとに構想しうる学習者を育成しうるのではないかと考えた。

第3節　いくつもの戦後日米関係の出現——ゲーム実施の事例から

5つの交渉が同時進行

　2014年秋、兵庫県下のある県立高校1年生1クラス40名を対象とし、「世界史A」の授業の一環としてゲームを実施する機会を得た[3]。生徒3〜4名で1チームを編成し、A国とB国を担当させた。教室全体では合計5つの交渉グループができた。つまり、5つの仮想日米交渉が同時進行したわけである。

結果から言うと、B国が独立した上でA・B両国間で同盟や協力関係を結ぶ——3グループ、A・B両国が連合国となりB国はA国の自治体となる——1グループ、交渉決裂——1グループ、となった。

以下では、B国を担当したあるチームの4名の生徒たちに注目して、交渉の進展の様子を追ってみよう。

「えげつないぐらい要求」

まず、A国に対する要求事項をまとめる最初の話し合い。「値切りの基本は、最初にあり得ない値段を言う」「うん。最初はえげつないぐらい要求」と生徒たち。内容よりまず交渉の基本姿勢について合意形成しているのが興味深い。

続いて要求内容の検討に入る。ある生徒が「財閥財閥」（財閥の復活という意味であろう）と切り出すが、別の生徒が「まず独立するべきやから」「私たち（の目標）は、一国としての完全な独立なんやろ」と返している。重

高校でのゲーム実施の様子。写真では切れた左端を含め、合計5つの交渉テーブルが設置された。

要度の高い事項から検討しようというわけである。

ある生徒、要求の冒頭事項として「貴国との対等な関係を結ぶことを要求します、でいいやん」と提案、他の生徒「ああそれで完璧」「聖徳太子パターンで」と賛同する。続けて、自国軍隊について、「統帥権とか入れん方がいい。それが反感買うから。私たち自ら組織し〜みたいな感じの方がいい」「じゃ、私たち自身が組織する権利を持つ軍隊（ではどう？）」「うんうん」と生徒たち。続けてＡ国軍駐留について、「全面撤退、って書いとこ。最初は」「そうしよ。けど、どうせ20年後に撤退みたいな感じ（の合意になるだろう）。だって、絶対最初の10年とか自分だけではできへんから」。貿易については、「私たちは、世界自由貿易を求める（でどう？）」「まあ、そのぐらい大きめにやっといていいと思う」。

このように、このチームは、最初に最大限の要求を突きつけるという戦略を立て、その上で要求事項を策定する。ただし、自国軍の保有やＡ国軍駐留に関する検討では、相手の反感を予想するなどの冷静さや現実的判断を見せている。しかし、基本的にこの生徒たちは、「貴国との対等な関係」を、国家関係の規範的原則の主張としてではなく、いわば「最初の吹っ掛け」として意識している。このことが、後の交渉で吉と出るか凶と出るか…。

劣勢に傾くＢ国

Ａ国からの返答書は、駐留軍を２分の１に減らすという以外、すべて「認めない」というもの。生徒たち、予想していたとはいえ、ややショックを隠せない。「２分の１ってことは、ずっとおりたいってことなんかな」。

ある生徒、「俺思うねんけど、独立させるのはＡ国のさじ加減やんか。だから独立に見合う条件を使わんと。そこでＣ国を絶対使わなあかんねん」。

いよいよ第１回交渉。Ａ国側は、Ｂ国側の主張をまず全部聞こうという構え。いきおいＢ国側は多弁になる。

Ｂ国「貴国との対等な関係を結べないなら、Ｃ国との関係もいいかなー

と思っているのですが」。A国「はいC国と」。B国「もし対等な関係を結んでくださったら、C国との対立に援助できるかと思います」。

B国の発言の前半は、C国カードを脅しに使っており、それ自体はなかなかドスが利いている。一方で後半では、対C国協力を独立の取引き材料にしている。しかし、いったんC国への接近をほのめかした以上、A国が、独立を認めれば対C国協力を行うというB国の提案を真面目に受け取るかどうか。

A国側からの答え。「A国としては、C国との関係を切る。(B国が、A国のC国との)対立に援助するかわりに、(A国のB国への)支配を消すってことは、またそのうち(B国に)反乱される危険があると考えるので、それはちょっと難しいと思います。軍の数がいやだと言うなら、(駐留軍を)2分の1に減らします」。

A国は、B国の独立について頑として首を縦に振らない。A国としては、B国が再び力を付けてA国に対抗することを防がねばならない。それに加え、B国がC国への接近をほのめかしたため、A国にとって、B国の独立を認めることはますます危険なのである。

このあたりから、B国内のチームワークに乱れが生じる。交渉中にもかかわらず、生徒、小声で言い合う。「独立から独立から！」「(そう言っても)相手にメリット与えんかったら絶対に(無理だ)」。まずなにより独立を要求すべきという考え方と、利益がなければ相手は動かないという考え方のずれが表面化している。

こうしてB国は次第に劣勢に傾いていったのだが、果たして第2回交渉で挽回なるか？

「朝鮮戦争」勃発

しかし、第1回交渉終了直後、突如として「臨時ニュース」が両チームに配布される。

色めき立つB国の生徒たち。「軍隊と貿易はいける。こっちがだいぶ有利になる」「CがAを威圧してほしいってC国に頼んでもいいですか、

て言って、AはCを嫌がるから、わかりました、じゃ独立してもいいですよってなると思うやんか」「C国は現にD国の革命軍に手貸しとるもんな。やったらあたしらにも手貸してくれるはずやねん」。生徒たちは、ともかくC国を利用してA国に要求を呑ませようとひたすら考えている。しかしながら、C国を利用することがA国に与えている懸念については、一貫して気付いていない。また、C国への接近が自国B国の未来に及ぼす影響についても、考えの外にあるようである。何より、この生徒たちが、隣国での戦争勃発を自国の安全の危機とはまったく考えていない点が興味深い。

一方、A国の生徒たちは、「やばくない？」「今C国がどんどん来てんの？」とパニック状態に陥る。しかし、「(C国軍が)B国にも入る可能性があるってことやな」という冷静な読みをしている生徒もいる。ともかく、A国とB国では、安全保障に関する感度がまったく違うのである。

好条件生かし切れず

第2回交渉開始。勢いづくB国、「C国はD国の革命軍を援助した。同じように私たちも援助してくれると考えます。だから、もしそちらが独立を認めないなら、C国という選択もあります」。

ここで、A国は予想外の逆提案を切り出す。

「A国は、独立まではいきにくい(認めにくい)けど、A国とB国で連合国となることを妥協案として出します。中央政権はA国にありますが、B国の政治干渉(自治権のことと思われる)を認めます。また工業生産品の(貿易の)利益などは全部連合国の利益となるので関係ありません。A国B国の軍の配置なども中央政府がまとめて管理します」。

これは、B国の不安定な動きを封じ、またC国の膨張がB国に及ぶのを防ぎ、かつB国の独立願望をある程度充足するという、非常によく考えられた案である。また、ちょうどスコットランドの独立の動きがニュースになっている頃であった。A国の生徒はそれに着想を得たのではないかとも思われる。

第5章　外交交渉ゲームが開く「いくつもの戦後日米関係」　151

生徒の交渉の様子。手前がA国、向こう側がB国。

　この鮮やかな切り返しに、B国は、A国を前にしてチーム内で揉めに揉める。「州になるみたいなことやろ」「独立したくない？」「したいけどー」「交渉としては、あんまり高望みせずこの辺でさ」「自治体って国じゃないよー」。

　しかし、結局腰砕けとなり、ほぼA国の提案を丸ごと呑んだ合意文書に署名することとなる。合意内容は、A国軍がB国領域内に50年間駐留を続けるというおまけつきであった。

　このB国チームの生徒たちは、独立を達成するには、A国のB国への基本的信頼感を醸成する必要があることに気付いていなかった。そのかわり、交渉を取り引きや脅しとして、すなわちゼロサムゲームとして、一貫してイメージしてした。しかしそれが、A国のB国への不信感を増大し、A国の態度を硬化させていることに気付けなかった。また、B国の生徒たちは、C国を、一貫して自国の安全保障上の脅威とは見ていな

かった。この点が、「朝鮮戦争」の報にパニックを起こすＡ国の生徒たちの認識と根本的に食い違っていた。

これらの点が、Ｂ国の独立失敗の要因であったように思われる。

さまざまな交渉結果

　この交渉グループの合意内容をあらためて紹介すると、概略以下の①のようなものとなっている。また、この交渉グループ以外の4つのグループの交渉結果の概略も、②～⑤として以下順次示す。これらは、生徒たちが到達した独自のサンフランシスコ講和条約と日米安全保障条約、とも言うべきものである。

①「ＡとＢは連合国になる。Ｂは、自治体としての権利を持ち行政を独自に行えるが、中央政府の決めた憲法に従う。Ｂ自治体は、独自の軍の保有を認められる。Ｂ地区に駐留するＡ軍は、規模を2分の1に減らし、50年後に完全撤退する。貿易に関しては、Ａ、Ｂとも独自に行い、その利益は中央政府が監理する。Ｂは、ＡとＣ国が友好関係を結ぶための努力をする」。

②「Ａ国は、Ｂ国の独立を認める。Ａ国の駐留軍は半分が撤退する。Ａ国はＢ国の独自の軍隊を認めるが、その規模は、Ａ国駐留軍の半分とする。ＡとＢ両国の軍隊は、協力してＤ国を支援する。Ｂ国の貿易は、Ｂ国とＡ国との貿易量よりは少ない量で、また武器以外の輸出について、世界自由貿易を認める」。

③「Ａ国はＢ国の独立を認め、両国は同盟を結ぶ。Ｂ国は、Ａ国の駐留軍を認める。Ｂ国は自国を防衛するための最低限度の戦力を持つ。ただし、Ｂ国は、有事の際には、Ａ国の軍に協力する。Ａ国はＢ国の世界貿易を認め、Ｂ国の経済発展を支援する」。

④「Ａ国はＢ国の独立を認め、両国は守り合う。Ｂ国はＡ国軍のＢ国内における駐留を認めるが、Ａ国軍はＢ国の監視下で駐留する。また、Ａ国はＢ国独自の軍隊を認めるが、上層部の5分の1にＡ国の人を採用する。もしＡ国とＣ国との戦争が起こった場合には、Ｂ

国はA国の側につく。A国はB国の世界自由貿易を認めるが、貿易品を制限する。制限内容は今後決めていく。今後両国は、互いに戦争を仕掛けない」。

⑤「決裂」。

交渉が決裂したグループでは、「この条件を呑んだら、独立を認める」「独立を認めたら、この条件を呑む」という両者の論理の隔たりが乗り越えられなかったようである。このような、いわば面子の対立が克服できなかったことの底には、やはり、最初に双方が最大限の要求をぶつけ合うことから交渉がスタートし、最後まで相互の信頼感が形成できなかったという要因があるようである。

「うわ、独立してる」

ゲーム後のディブリーフィングでは、各合意結果と各チームの感想を発表させた。

今回、交渉の経緯を追ったB国担当の生徒たちは、5つの交渉グループ中3つのB国が独立を達成していることを知って、かなり驚いたようである。この生徒たちは、「他のチームの交渉結果を聞いて、どのようなことを感じましたか」と問うた事後の感想シートに、「うわ、(多くのB国が)独立してる」「自分たちの連合国案はめずらしいものなんだと純粋に驚きました」などと記している。他方、他の交渉グループの生徒たちにとっても「連合国」合意は驚きであったようで、「かしこいと思った」「国が消えてしまうのは、起きてほしくない」との両方の評価があった。

感想シートの回答には、この交渉グループの結果以外の結果を評価している記述もみられる。また、「どの班も結果はばらばらだった」「色々な国の未来が開けて良かった」という感想もみられる。このように、生徒たちは「いくつもの戦後日米関係」が出現したことに驚きや面白さを表明している。この多様性の発見は、ゲーム後の各結果の交流を経て初めて生まれたものである。

生徒の交渉の様子

　したがって、このゲーム授業は、実は二重構造をなしている。個々のグループの交渉コミュニケーションゲームが、全体としては、戦後日米関係の可能な展開に関するシミュレーションとなっているのである。「ゲーミングシミュレーション」とは、このような部分・全体の二重構造を意識したゲーム実践である。したがって、このような実践では、「ゲーミング」と「シミュレーション」の両方の果実を収穫すべく、ゲームと事後のディブリーフィングのバランスのよい時間設計が必要となる。

　しかしながら、今回のこの実践では、ゲームに時間をかけすぎた結果、ディブリーフィングに残された時間は10数分となっていた。ディブリーフィングの段階では、いくつもの交渉結果が出現したことが素材となって、その違いやその原因、また交渉の成功や失敗の諸相とその原因、さらには、それらの考察に基づいた現実の社会的事実への評価が、生徒たちの意見交流によって深められる必要があった。

このディブリーフィングの不十分さという課題点については、後に改めて考察を行う。

第4節　ゲーム授業の成果

生徒の感想とその考察

　ゲームにおいて生徒たちは、とにかく楽しそうにプレイしていたのが印象的であった。

　事後の感想シートで、まず、ゲームが面白かったかについて5段階の評価を求めると、計40名中、5「とても面白かった」が25名、4「面白かった」が12名で、計37名となった。(3「どちらでもない」が3名、2「面白くなかった」および1「まったく面白くなかった」はそれぞれ0名)。

　次に、感想シートの記述回答式質問に対する生徒の回答を紹介し、考察を行っていきたい。

　まず、「ゲームへの感想」および「今回体験した交渉と、これまでに社会科で経験したことのある話し合い、あるいはディベートや討論などとの違い」を問うた質問に対しては、次のような記述がみられる。

　「とても皆が積極的に参加していた(B国担当)」「当事者性が高かった(A国担当)」「今までの話し合いのどれよりも主体性があっておもしろかった(B国担当)」「リアリティにあふれていた(A国担当)」「結構具体的だった(A国担当)」「自分が本当にゲーム上の立場になって考えられた(A国担当)」「本当に自国の交渉団としてなりきって話し合っていました(B国担当)」「自分たちで考えていくおもしろさ(B国担当)」「A国とB国でそれぞれの立場があって、自分たちの立場を考えて討論できたので、これまでよりも真剣に取り組めたと思う(B国担当)」「A、B以外にもC、Dなどいろんな国がでてきて、いろんな事を考えないといけないので難しかった(A国担当)」「多方面から一つの物事を考えられたと思います(B国担当)」「相手側のことも考慮しなければならない(A国担当)」「"ゴール"がはっきり見えていない(A国担当)」「自分たちのやり方次第で結果が変わってくる(A国担当)」「自分たちの言い方次第で相手に納得されるかど

うかが変わった (A国担当)」。

　もしこのゲームが、史実や、あるいは「あるべき」日米関係など何らかの正解や価値への到達を狙っていたら、「ゴール」ははっきり見えたであろう。そのかわり、生徒がこれほどに「積極」性や「当事者性」「主体性」「具体」性「リアリティ」などを感じることはなかったであろう。生徒が「やり方次第」「言い方次第」という不確実性の中で自分たちのオリジナルな戦後日米関係を構築できたことが、生徒の当事者性や主体性の感覚を引き出し、また取り組んだ課題の具体性やリアリティを感じさせたと考えられる。

　次に、「今回のゲームを踏まえて、あなたは、現実の戦後日本の外交選択についてどのような考えや思いを持ちますか」という質問に対しては、次のような回答がみられる。

　「とても難しく、きびしい状況の中でだした選択だったのだと思った(B国担当)」「私たちはとても強気にでましたが、それでもうまくいかないことが多かったです。今まで、どうして何十年後の日本に禍根を残すような基地などの条約を結んでしまったのだろうと思っていましたが、私たちでそれなら、敗戦国が有利な条件をもらうのは難しい話だと思いました(B国担当)」「最初は沖縄はアメリカのものだったが、それを取り返せているのだから良いと思う(A国担当)」「(基地問題など)今後の課題を残したが、最善の選択だったと思う(B国担当)」「まあまあふさわしい行動をしたのだと思う。しかし私は、正式、形的ではないが、地味にアメリカに支配されていると思う(A国担当)」「憲法解釈について、"解釈を変えるだけ"とは言っても、少し無理矢理のような気がする(A国担当)」「少し自分たちに不利すぎる内容で合意してしまったと思った。自国に利益ができる内容をつくるべきだったと思う(B国担当)」。

　現実の日本の戦後の外交選択、戦後日米関係、あるいは安全保障政策について、生徒はゲーム内の体験を踏まえてそれぞれの評価を下していることがわかる。その評価内容は、肯定的評価から条件付きの肯定的評価、またかなり否定的な評価に至るまで、広がりがみられる。

現実の戦後日本の外交選択について、次のような興味深い記述もある。「もしかしたら、もっとよい交渉ができたのではないかと思った。交渉は出来レースだと思っていたが、そうではなかった（A国担当）」。通常の授業で学ぶ限り、この生徒は歴史上の交渉や条約などを「出来レース」だと思っていたようである。しかし、今回のゲーム体験を通じて、歴史上の交渉も、可能性と不確実性の中でのリスクテーキングな実践であると理解できたから、「もっとよい交渉ができた」可能性が見えてきたと考えられる。何より、この生徒が、交渉を「できる」「する」事象として語っていることに注目される。

また、「今回体験した交渉と、これまでに社会科で経験したことのある話し合い、あるいはディベートや討論などとの違い」を問うた質問に対しては、次のような回答もみられた。

「互いに国民を背負っている（A国担当）」「自分たちで国の方向を決めるところが、普段の話し合いと違ってよかった（B国担当）」「自分たちが国を動かしていくというリアリティがいつもと違っていた（B国担当）」「国の利益や今後を考え慎重に行う必要があった（B国担当）」。

もし、「望ましい日米関係」に関する答えのようなものがあるなら、両国代表が交渉するなど時間の無駄であり、合意文書作成は「出来レース」の事務仕事となるであろう。しかし、そうではないから、両国代表は両国の国民とその未来に責任を負うこととなる。合意内容が自分たちの「やり方次第」「言い方次第」で変化し、いわば自分たちのオリジナルな結果であるから、その「やり方」「言い方」とそのオリジナリティに責任が生ずる。生徒の回答には、このことへの気付きが見られる。このような、外交という営みが担う責任への気付きが、デモクラシーとディプロマシーを架橋していく第一歩となるであろう。

ゲームの教育効果

以上のような生徒の感想に関する考察の結果から、この「インディペンデンス・デイ」ゲームの授業実践は、本章はじめに掲げた目標の①お

よび②、すなわち、「①歴史・社会過程がはらむ可能性、不確実性への気付き」、「②主体性、能動性、社会的当事者意識および社会的責任主体意識の形成」、という二つの目標について、本実践のみでそれらが「形成された」とはむろん結論できないが、少なくともそれらの芽生えに関しては、多くの生徒の回答にそれが見出されると言えるであろう。

したがって、このようなゲーム実践は、史実や社会のしくみ、あるいは重要な社会的価値の学習を行う通常の授業と適切に組み合わされて、大きな教育効果を発揮すると考えられる。ゲームでの自らの実践体験によって、学習対象である社会的事実や価値は、多様な可能性や不確実性のもとで選択され実践された事象としてとらえ直されることとなる。それが、それらの学習対象を、記憶し受容する対象から、「やり方次第」で変化しえた対象へ、したがって、それに対して評価、批判をなしうる対象へと転換させると考えられる。さらに、然るべき将来の機会において、それらは、学習者自らが実践「できる」「する」事象となることが期待できるであろう。

また、社会科は、責任ある主権者を育成しなければならない。そのためには、責任ある判断をなしうる基礎として、確実な知識、理解の形成、および重要な社会的価値の内面化が必要である。しかし、それらの学習だけからは、実は責任意識そのものは育たないのではないだろうか。責任意識は、不確実で合理的決定が不可能である状況で何かを決め、何かをなす体験をすることに伴って、すなわちリスクテーキングな体験に伴って、初めて生じると考えられるからである。

今回実施したゲームは、学習者を対立する相手とのコミュニケーション関係に否応なく引きずり込むことによって、学習者を社会の観察者から不確実な社会過程の実践者へと変貌させるものである。この、ゲーム内でのリスクテーキングな社会的実践者としての疑似体験が、責任ある主権者の育成にとって重要な役割を果たすと考えられる。

第5節　ディブリーフィングの課題

ディブリーフィングの重要性

　しかし、今回の実践は、本章はじめに掲げた目標の「③歴史・社会的事実を批判的に検討できる視点の獲得」の観点から見ると、きわめて不十分な成果しか挙げえていないと考える。この原因は、主要に、ゲームの後の振り返り検討、すなわちディブリーフィングを充実させていなかった点に求められるのではないかと考える。

　先に見たように、生徒は、授業後の感想シートにおいて、「現実の戦後日本の外交選択」に関して、ゲーム体験を踏まえた多様な評価を記載している。しかし、このような評価は、授業の中、ディブリーフィングの中で引き出され交流されることによって、より大きな教育効果をもたらしたと考えられる。また、本ゲームでは、A国とB国を担当した生徒が、それぞれ異なった内容の体験や思いをもったと考えられる[4]。これらの相違が、ディブリーフィング内で交流され共有されていくことも必要であったと考える。さらに、本章で交渉の流れを追ったB国担当チームにおける交渉の失敗の原因についても、ゲーム後に共同で検討する機会を設けることができれば、きわめて有益な発見を生徒全体が共有できた可能性がある。

　このように、このゲームの教育効果をより十全に引き出すためには、ゲーム実施だけで時間と労力を尽きさせるのではなく、後のディブリーフィングをゲームそれ自体と同じくらい重視し、両者を含めた授業全体をバランスよく設計する必要があった。

　ゲーミングシミュレーションにおけるディブリーフィングの意義について、中村美枝子は次のように述べる。「ディブリーフィングには2つの目的があるといえるだろう。第1の目的は、ゲーミングシミュレーションにおける体験を共有することにある。各自の局所的な体験を紹介しあうことによって全体像が把握される。もしこれがなされなければ、各自の体験はジグソーパズルの駒を部分的に集めただけに終わってしまう。

(略)第 2 の目的は、ゲーミングシミュレーションにおける行動を客観的に見つめなおすことである。全体の流れのなかで自己の行動がもつ意味を再分析するならば、その妥当性が客観的に評価される」[5]。

ディブリーフィングの設計

　以下では、ディブリーフィングを、学習者自身のゲーム体験を学習材としたひとつの授業として設計するという考え方をとって、ゲーム「インディペンデンス・デイ」終了後のディブリーフィングの進め方の一案を構想してみたい。

　まず、教師のあり方としては、ファシリテーターに徹し、教師から何かを「教える」のではなく、学習者から何かを「引き出し」「交流させ」「考えさせる」役割に専念する必要がある。この確認の上で、具体的なディブリーフィングの進め方を考えてみる。時間的には、このディブリーフィングに授業 1 校時分をあてるとの想定である。

　①各グループの合意シートの内容を小ホワイトボードに転記させ、黒板に貼り出させる。こうして、合意内容の多様性を一望化し、その共通点と相違点を見出しやすくする。各合意内容について、各交渉グループの A 国担当、B 国担当の代表 1 名ずつに説明させる。

　②ここで教師は、「その合意内容に満足しているか否か、およびその理由」を A 国、B 国双方に問う。満足度については、自己採点で 100 点満点中何点か、といった聞き方をすることもできるだろう。また、たとえば、本章で見た「連合国」合意などについては、学習者間でその評価が大きく分かれる。したがって、このようなユニークな合意結果については、当事者以外の学習者の評価を聞いてみることも必要である。

　③いくつかのグループをピックアップし、その A 国担当、B 国担当双方に「B 国（A 国）を説得する上で、いちばん難しかったところ、てこずったところはどこですか」と問う。さらに、生徒の答えに応じて、補助的に「相手がもっとも重視していた目標は何だったと思いますか」「自分たちがもっとも重視していたのは何だったのですか」などの問いを追加す

```
┌─────────────────────────┐
│           重武装         │
│                         │
│                         │
│                         │
│ 同盟              非同盟  │
│                         │
│                         │
│                         │
│         軽武装・非武装    │
└─────────────────────────┘
```

図1　戦後日本の選択可能性

る。それによって、生徒が直面していた交渉技術上の課題や、また、社会科授業としてより重要な点として、A国とB国双方の目標観の違いや認識上のギャップをあぶり出す。

④黒板に**図1**のようなマトリックスを描く。

　教師は説明する。「このゲームのB国は、すでにわかると思いますが、実は日本です。そしてA国は、アメリカ合衆国です。さらに、C国は、ソビエト連邦、また戦争が起こったD国は韓国です。起こった戦争は、朝鮮戦争です。

　さて、この座標軸は、戦後の日本が選択できた可能性の広がりを示しています。まず、横軸は、アメリカと、同盟や何らかの協力関係を結ぶか、それとも結ばないかを示しています。左に行くほど強い同盟や協力、右に行くほど日本がアメリカから独自の政策をとることを意味しています。縦軸は、日本が独自の軍備を備える際に、大規模で強力な軍事力を保有して重武装するか、小規模で必要最小限度の軍事力を保有して軽武装するかを示しています。軍事力を持たない非武装という選択は、軽武装のいわば極限値ですから、縦軸の一番下の部分と考えることができます。

　では、皆さんの交渉の合意結果は、この座標軸のどの辺に位置すると

思いますか。それぞれの交渉グループで相談して、各グループの合意シートを前に貼りに来て下さい」。

ここではA国対B国ではなく、合意を共同の「作品」と意識させることが重要である。各グループ相談の後、各グループの合意シートを、ここと思う場所に貼らせる。おそらく、多くのシートは左下マスに貼られるであろうが、その中でも、ある程度の散らばりをみせると予想される。

⑤その結果を確認した上で教師は問う。「では、現実の戦後日米交渉の合意結果は、このどのあたりになると思いますか」。

教師は事前に、ゲームで用いる合意シートに史実としての日米合意の要点を記入しておき(**表1**)、生徒に配布するとともに読み上げて紹介する。ただし、細かい説明には入らない。

生徒1名を前に出させ、この合意シートを渡して座標軸上に貼らせる。その上で、全体に、その生徒の貼った位置について何か意見はないかを問う。

おそらく、左下マスのどこかであるということでは大方の意見は一致するであろう。

表1　現実の日米合意内容

(1) アメリカは、日本の独立を承認し、占領を解除する。
(2) 日本は、自衛のための必要最小限度の実力組織として、自衛隊を設置する。
(3) アメリカは、日本国内に基地を設置し、一定量の軍隊を駐留させる。この軍隊は、日本の自衛隊と協力して、日本を防衛する。(1960年から、アメリカの日本防衛義務は条約で明記された。)
(4) アメリカは、軍事物資を除き、日本とソ連圏との貿易を禁止しない。しかしアメリカは、円とドルの交換比率を日本の輸出に有利な比率に固定することで、日本のアメリカへの工業生産品の輸出を奨励する。

しかし、たとえば、「同盟というよりアメリカの言いなりだ」などと考える生徒は、紙をできるだけ左側に貼るべきだと考えるであろう。また「日本の自衛隊は軽軍備というには強力だ」と考える生徒は、紙を左上マスに貼るべきだと考えるかもしれない。これらの異論が学習者から出されない場合は、教師からこのような揺さぶりを行い、戦後日本の選択に関する座標軸上の位置については、最終的に結論を出さずに終わるのが望ましい。これは、この史実としての合意結果を、生徒がゲームの「正解」と受け取らないようにするための重要な配慮である。

⑥以上の作業の上で、最後に教師は問う。「今回のゲームと皆さんの合意結果を踏まえて、現実の戦後日本の選択についてどのような考えや思いを持ちますか」。何人かに発言を求めた上で、授業を終了する。

⑦授業後の課題として、「交渉を振り返ってみて思ったこと、考えたこと」、「振り返りディスカッションの中で思ったこと、考えたこと」、および、「今回のゲームを踏まえて、戦後日本の選択について思ったこと、考えたこと」についての小レポート作成を課する。

おわりに

筆者としては、是非この「インディペンデンス・デイ」ゲームを読者諸氏によって広く実践していただき、さまざまな結果を交流して、ゲーム自体、およびゲームを含む授業設計をよりよいものとしていきたいと考えている。また、このような方向性の実践開発の意義の検討、さらには別テーマでの新たなゲーム型授業開発へと、研究・実践の輪が拡大していくことを切に期待している。

注

1 馬場大樹（2015年現在神戸大学人間発達環境学研究科修士課程在学中）、および大山正博（2015年現在神戸大学人間発達環境学研究科博士課程在学中）。
2 本ゲームは、B国の要求→A国の返答、の順で交渉前のメッセージ交換を行う設定としている。しかし、A国とB国が同時にそれぞれの要求内容をまとめ、メッセージを交換し、そのずれを交渉事案としていく、というルール設定も考

えられる。ルール上の今後の検討課題の一つである。
3 実施日は 2014 年 9 月 27 日。実施担当は新友一郎教諭。
4 このため、本ゲームを A 国 B 国の立場を入れ替えて 2 度実施することも考えられるが、本ゲームには「臨時ニュース」という隠しイベントがあるため 2 度目の新鮮さが失われると考えられる。ルール上の今後の検討課題の一つである。
5 中村美枝子「ゲーミングシミュレーションにおけるファシリテーション」、新井潔・出口弘・兼田敏之・河東博俊・中村美枝子『ゲーミングシミュレーション』日科技連、1998 年、p.189。

おわりに

　この本の執筆中にときどき頭をよぎったのは、「不確実性」の導入で社会科が「確実に」活性化すると主張するなら、この主張は何か変ではないか、とか、社会科の「一本道」型授業を批判的に検討するこの本自体が「一本道」の論述ではないか、といった奇妙な考えでした。しかし、そういうときは、こういったパラドックスの前で立ちすくまずにコミュニケーションする生徒を育てようというのが本書の主張なのだ、と思い直して、執筆を進めた次第です。

　「知る」こと・「わかる」こと（社会認識）と、「行う」こと（社会的実践）との間の溝をどう埋めていくか、というのが、民主主義社会の能動的な担い手を育てようとする社会科の、発足当時からの課題だったと思います。この両者の間を、確実な答えのない問題に関するコミュニケーション、中でもとくに、自分たちのこれからのあり方や行動の仕方をめぐるコミュニケーションによって橋渡しできるのではないか、というのが、本書の基本的なアイデアです。そのようなコミュニケーションの中で発言する生徒は、何らかのリスクを取らなければなりません（実は、黙っていたってリスクをとっているのです）。このようなリスクテーキングなコミュニケーション体験の機会を、社会科の授業の中に、時間的に厳しいとはいえ何とか取り入れていくことで、社会科の授業は、全体として、生徒にとってもっと面白く、もっと役に立つものになるのではないかと思います。おそらく、「確実」に。

　本書の執筆に当たっては、さまざまな方々のお世話になり、お力をいただきました。

　まず、このたび本書の出版に当たっていただいた東信堂の皆様、とりわけ社長の下田勝司氏に、心よりお礼申し上げます。ま

た、筆者に下田氏をご紹介いただいた鳴門教育大学の小西正雄先生に、心より感謝申し上げます。

　職場である神戸大学発達科学部の、とくに筆者が所属する教育科学論コースの先生方には、日頃よりお世話になるとともに、本書の執筆・出版に際してさまざまなお力添えをいただきました。心より感謝申し上げます。また先生方と同様に、学生諸君にも、さまざまな機会に（本人はそのつもりがないかもしれませんが）励ましをもらいました。教えるとは学ぶこと、とはよく言ったもので、かれらを指導する中でいちばん指導されていたのは、実は筆者自身でした。

　ゲーム「インディペンデンス・デイ」の開発、実施、結果考察に至るまでの数々の課題について、またそれに限らず、本書のさまざまな理論上の難題について、時には夜中まで議論し、かつ飲んだのは、筆者のゼミの大学院生、とくに馬場大樹君と大山正博君でした。諸君がいなければ、この研究は決してまとまっていなかったと思います。心から感謝します。また、この奇妙なゲームの授業実施をお引き受けいただき、貴重な実践研究の場をおつくりいただいた兵庫県立高校の新友一郎教諭に、心よりお礼申し上げます。

　最後になりましたが、学部・大学院時代より一貫してご指導をいただき、筆者の社会科教育研究を導いて下さった藤岡信勝先生に、心より感謝申し上げます。また、本書の執筆中、文句も言わず筆者を支え見守ってくれた妻と息子、および、老母と亡き父に、心から感謝します。

2015年晩夏

吉永　潤

＊研究助成への謝辞＊

　本書は、科学研究費助成基金助成金（基盤研究C）「交渉能力の育成をめざした社会科教育の理論的研究と教育ゲームの開発、実施、評価」（平成23-25年度、代表：吉永潤、課題番号23531191）、および同助成金（基盤研究C）「社会科教育において競争的合意形成能力の育成をめざす交渉ゲームの開発と評価」（平成26-28年度、代表：吉永潤、課題番号26381198）による研究成果の一部です。同助成に対し、心よりお礼申し上げます。

初出一覧

第1章　本書のため書き下ろしを行った。

第2章　吉永　潤「リスクテーキングなコミュニケーション能力の育成―N.ルーマンのコミュニケーション論とリスク論を踏まえた社会科教科目標の再検討―」日本社会科教育学会『社会科教育研究』No.119、2013年、pp.90-99、をもとに加筆・修正を行った。

第3章　吉永　潤「勝敗を競うディベートの社会科教育における意義―C.ムフのラディカル・デモクラシー論に基づいて―」日本社会科教育学会『社会科教育研究』No.123、2014年、pp.1-12、をもとに加筆・修正を行った。

第4章　吉永　潤「外交事象を扱った社会科意思決定学習の課題と展望」神戸大学大学院人間発達環境学研究科紀要　第5巻第2号、2012年、pp.75-83、をもとに加筆・修正を行った。

第5章　吉永　潤「連載"未来社会を構想する"アクティブ・ラーニング　リアル体験に迫るコミュニケーションゲーム」明治図書『社会科教育』2015年4月号～9月号、の一部を用い、全体としてほぼ書き下ろしを行った。

事項索引

ア行

アイデンティティ　80, 111
足場掛け　40
安全　56, 144
安全保障政策　121-123, 156
威嚇、恫喝、脅迫　117
イギリスの福祉政策　26
いくつもの戦後日米関係　130, 146
いくつもの未来　37, 89, 126, 130
意思決定　v, 8, 11, 18-23, 25-27, 36, 48, 75, 146
　　──のための合理的な準備　21
異質性　36
「一本道」型授業　v, 13, 15, 20, 24, 33, 34, 39
イフ　i, 12, 16, 17, 37, 38, 102, 105, 129
EU　99
因果関係　5
ヴァンデ戦争　24, 25
大阪都構想住民投票　6, 8
オートポイエーシス　52
オープンエンド化　14, 16, 17
脅し　37, 124, 125

カ行

開国　5, 18-20
外交　v, 23, 99-105, 108, 109, 111, 118-124, 146, 157
　　──交渉　v, 100, 126, 129, 132
　　──的意思決定　109
　　──問題　23, 109
外交交渉ゲーム「インディペンデンス・デイ」　vi, 126, 129
解釈批判学習　24-26
解釈論争　26
外部性　11, 36, 100
学習効果　86-89

学習指導要領　47
学習者評価　95
核戦争　10, 11, 117
『学問のすすめ』　27
過剰に受容的な発想　108
仮想事実　17, 31
仮想世界　17, 31
価値判断力　ii
可能な未来　iv, 3
可能的事実　iii
神の視点　8, 37
カリキュラム　7, 9, 13
韓国　142
関税改革案　26
議会制民主主義　77
基地問題　146, 156
規範収斂　34, 127
「客」と「主人」　27
客体　27, 28, 68
キューバ危機　9-12
教科書　4, 6, 8, 16
教科目標　48-50, 65
教材研究　ii
軍事力　120, 144, 161
軍備　120-122
軽武装　161
ゲーミングシミュレーション　10, 154, 160
ゲーム　vi, 129, 130
　　──開発　vi
　　──型授業開発　163
　　──の戦略判断　144
　　──理論　124
言語ゲーム　3, 4
原発　77, 90, 92
憲法第9条　77, 90, 123
権力　7, 53, 83

索引　169

権力闘争　82, 84, 85	最近接領域　88
合意形成過程　75	差異の思考　15
合意形成能力の育成　76	裁判員制度　104
合意不可能性　78	鎖国　5
交渉　v, 66, 67, 96, 100, 108, 111, 117, 120, 124-126, 129, 132-134, 143-155, 157, 162	サプライズイベント　141
──圧力　66, 67	サンフランシスコ講和条約　126, 130, 152
──ゲーム　67	自衛隊　162, 163
──状態　124	自衛のための軍事力　144
構成主義的な社会観　88	時系列　5
公民科　50	自己言及　v, 58, 63, 93
公民科「現代社会」　65	自己言及的コミュニケーション　58-60
公民的資質　18-21, 48	自己評価　95
合理化、必然化のベクトル　12	事実認識　18, 27, 28
合理的　6, 12, 18, 23, 54, 69	システム　52, 58, 77
合理的意思決定　21, 36	実践する不確実性　39, 41, 58 88, 89,
合理的意思決定モデル　11	失敗　iv, 19, 28, 51, 62, 95
合理的行為者モデル　11	自発的　41
コード　53, 54,	シミュレーション教材　17, 29,
国益　22, 101, 145	社会システム　50, 52, 57
国際政治　v, 99-105	社会過程　38-40, 54, 55, 75
国際的アクター　22	社会科民主主義教育　v, 76
国際紛争　v, 123, 124	社会構成主義　49, 80, 83
国際平和学習　50	社会事象　4, 12, 19, 39, 50, 60-62, 99, 102
国際問題　23, 102, 109	社会的自己効力感　86, 93-95
国際連盟規約　102	社会的実践　35, 38, 61-64, 102
国民の司法参加　104	社会的責任主体意識　130
国連　62, 65, 67, 121	社会的対立状況　54, 64
コミュニケーション　iii-v, 9-11, 33, 34, 36, 37, 41, 48-65, 67-69, 73, 80, 82, 83, 92, 94-96, 100, 102, 110, 111, 116, 118-125, 154, 158	社会的当事者意識　130
	社会的論争課題（問題）　7, 13, 18, 73
──の意欲　55	社会認識　35, 49, 50, 75-77,
──の不確実性　41, 56	宗教　112, 114, 117, 119
──能力　49, 73	集団安全保障　121
根源的かつ多元的な民主主義　79, 80	集団的自衛権　146
混合戦略　145	重武装　161
コンピュータ・シミュレーション　10	授業評価　95
	主権者　18, 103, 104, 158
サ行	主体　22, 27, 103, 115, 117
	主体性　8, 102, 122, 123, 130, 155
	手段としてのディベート　74

受動化　v
勝敗決定ルール　64, 88
勝敗効果　86
勝敗判定　63, 64
勝敗を競うディベート学習　78, 82, 85, 86, 95
ジレンマ　29, 30, 32-34, 36, 125, 145 146
陣地戦　83, 84
心的システム　52
人民予算案　26
信頼　53, 113
森林の南北問題　18-20, 22, 108
正義論　81
政策選択　22
政策ディベート　63
政策論題　63
精神的暴力　117, 120
政治的実践　v, 40, 61
政治的なるもの　79
責任　8, 58, 62, 103, 104, 126
　——ある主権者　158
　——倫理　82
ゼロサムゲーム　124, 151
戦後外交　123
戦後日米関係　vi, 129
潜在する選択肢　35, 38
戦争　113-124
　——の放棄　113
選択　3, 10, 18-20, 25, 26, 28, 31, 35, 81, 90, 109, 114, 156, 161
占領下日本　129
相互作用　32, 37, 41
相互評価　95
ソビエト連邦　142, 161
ソフトパワー　119
存在する不確実性　38, 58, 87, 99
存在するリスク　58-60, 63, 67, 68, 99

夕行

態度主義　39

対立性　23, 32, 36
多価値的な社会観　87
他者　36, 48, 51, 59, 60, 73, 80, 91, 110, 125
立場性　34, 36, 54, 90
脱構築　13
脱・合理性、脱・必然性のベクトル　12
ダブルバインド　65
多文化社会　29, 33, 36
知識・理解　ii
中等歴史教育　24
朝鮮戦争　142, 143, 149, 152, 161
地歴科　5, 69
ディブリーフィング　28, 141, 142, 153-155, 159, 160
ディベート　v, 48, 49, 54, 56, 63-65, 68, 73-78, 81-96
　——学習　73, 78, 80, 82, 84-86, 91, 95
　——的な討論　74-77, 82, 87
ディベート甲子園　75, 94
デウス・エクス・マキナ　33, 34
同化主義　31
闘技民主主義　79
討議倫理学　81
当事者意識　v, 66, 86, 89, 91, 130, 158
道徳　22, 79, 81, 109
　——主義　39
討論　48, 60, 61, 64, 74-77, 85, 87-91, 95, 100, 155
　——学習　76
　——技術　94
「独立」と「安全保障」のジレンマ　146
取り引き　37, 102, 119, 151
取るリスク　58-61, 63, 66, 68

ナ行

ナショナリズム　119
ニクソンショック　105
二重の不確実性　51- 53, 55, 58, 110
日米安全保障条約　126, 130, 152
日米貿易摩擦　105, 106

ハ行

日本の独立　129, 162
能動性　130, 158

発問　4, 5, 15
　——構成　ii
パラレルワールド　12
パリ講和会議　101-103
比較　15-17, 19, 31, 130
引き受けるリスク　58
非軍事的手段　121
非ゼロサムゲーム　124
必然史観　10-12
必然性　4, 6
批判的解釈学習　17, 24-26, 35
批判的思考　15, 27, 28, 39, 94
日比谷焼打ち事件　100
非武装　120-122, 161
評価観点　65, 66
ひょうたん島問題　17, 29, 33, 34, 40
ファシリテーター　160
不確実性　i, iii-v, 7-9, 21, 23, 36, 38-41, 49-56, 58, 87, 99, 110, 129, 156-158
　——の縮減　54, 110, 113
　——の予防的刈り取り　23
福祉価値　117, 119
複数性　80
複線化　15-17, 32, 40
　——型授業　15, 17, 31, 34, 37
普遍主義　30, 31
プラザ合意　105
フランス革命　24, 25
振り返り　30, 95, 141
武力　65, 68, 115
文化・伝統　119
紛争　v, 62, 66, 79, 114-126
紛争解決　65
　——コミュニケーション　119, 122
　——の手段　117
ヘゲモニー　83-85
　——闘争　93
ベルサイユ条約　101
貿易摩擦　105, 123
ポーツマス条約　100
ポリティクス　32

マ行

未来を語る言語　33
民主社会　i, 7, 9, 13, 28, 48
民主主義　iv, 8, 75-82,
民主的統制　103
民族紛争　62
名誉価値　117, 119
メディア　53, 54, 56
問題解決　5, 11, 29, 33, 66, 102, 109
　——的な学習　107

ヤ行

役割　27, 28, 30, 41, 63, 82, 101, 104
有権者　6, 104
抑止　120, 123

ラ行

拉致問題　123
ラディカル・デモクラシー　v, 78
リスク　v, 11, 22, 28, 41, 50, 55-61, 63, 65, 90, 92, 99, 118, 125
リスクテーキング　v, 28, 50, 58-69, 82, 89, 92, 95, 100, 110, 122, 157
リスク／安全　57
リスク／危険　57
リビア紛争　65
留保条件　76, 89, 90, 96
領土問題　123
冷戦　144,　143
　——の終焉　47
歴史認識問題　123
ロールプレイ　30-33, 101, 105, 106, 109
　——的ディスカッション　29
論じる立場の決定方法　91

人名索引

ア行

阿部正弘　18, 19, 22
今谷順重　105, 106
ウェーバー, M.　82, 93
内田樹　111, 112
梅棹忠夫　111, 112
岡崎玲子　101, 102

カ行

片上宗二　14, 16
加藤朗　116-120
キケロ　88
クラウゼヴィッツ, C. v.　116
グラムシ, A.　83
香西秀信　88, 90, 91
児玉康弘　17, 24-26, 28, 29, 35, 36
小原友行　17, 21-23

サ行

阪本拓人　10-12
シェリング, T.　124, 125
シュミット, C.　79, 82, 91

タ行

デューク, R.　33
デリダ, J.　8, 21

ナ行

中西寛　120
中村美枝子　159
ニコルソン, H.　103, 104

ハ行

パーソンズ, T.　53
ハーバーマス, J.　52, 53, 81
華井和代　65, 66, 68
樋口雅夫　74-77
福沢諭吉　27
藤岡信勝　76, 77
藤原孝章　17, 29, 31-34, 36-38, 40, 41
ペリー, M.　18, 19, 22, 109
ボールディング, K.E.　116-118
保城広至　10

マ行

松尾正幸　48
水山光春　75, 76
ムフ, C.　v, 78, 81, 83-85

ヤ行

山影進　10
吉川幸男　15

ラ行

ルーマン, N.　v, 49-54, 56-58, 62, 69
ロールズ, J.　81

著者紹介

吉永　潤（よしなが　じゅん）

1959（昭和34）年福岡市生まれ。東京大学大学院教育学研究科学校教育学専攻博士課程修了、教育学修士。現在、神戸大学大学院人間発達環境学研究科・発達科学部准教授。専攻は社会科教育学。

主要業績

「ディベートにおける『推定』の機能」（『神戸大学発達科学部紀要』）、「社会科における外交意思決定能力育成の意義とその授業構成」（『社会科研究』）、「外交事象を扱った社会科意思決定学習の課題と展望」（『神戸大学大学院人間発達環境学研究科紀要』）、「リスクテーキングなコミュニケーション能力の育成—N.ルーマンのコミュニケーション論とリスク論を踏まえた社会科教科目標の再検討—」（『社会科教育研究』）、「勝敗を競うディベートの社会科教育における意義—C.ムフのラディカル・デモクラシー論に基づいて—」（『社会科教育研究』）。

社会科は「不確実性」で活性化する―未来を開くコミュニケーション型授業の提案―

2015年11月30日　初　版第1刷発行　　〔検印省略〕
定価はカバーに表示してあります。

著者ⓒ吉永潤／発行者　下田勝司　　　印刷・製本／中央精版印刷

東京都文京区向丘1-20-6　　郵便振替 00110-6-37828
〒113-0023　TEL (03) 3818-5521　FAX (03) 3818-5514

発行所　株式会社 東信堂

Published by TOSHINDO PUBLISHING CO., LTD.
1-20-6, Mukougaoka, Bunkyo-ku, Tokyo, 113-0023, Japan
E-mail: tk203444@fsinet.or.jp　http://www.toshindo-pub.com

ISBN978-4-7989-1322-3 C3037　ⓒ YOSHINAGA, Jun

東信堂

現代アメリカの教育アセスメント行政の展開——マサチューセッツ州（MCASテスト）を中心に	北野秋男編	四八〇〇円
アメリカ公民教育におけるサービス・ラーニング	唐木清志	四六〇〇円
〔増補版〕現代アメリカにおける学力形成論の展開——スタンダードに基づくカリキュラムの設計	石井英真	四六〇〇円
ハーバード・プロジェクト・ゼロの芸術認知理論とその実践——内なる知性とクリエイティビティを育むハワード・ガードナーの教育戦略	池内慈朗	六五〇〇円
アメリカにおける学校認証評価の現代的展開	浜田博文編著	二八〇〇円
アメリカにおける多文化的歴史カリキュラム	桐谷正信	三六〇〇円
EUにおける中国系移民の教育エスノグラフィ	山本須美子	四五〇〇円
社会形成力育成カリキュラムの研究	西村公孝	六五〇〇円
現代ドイツ政治・社会学習論——「事実教授」の展開過程の分析	大友秀明	五二〇〇円
現代教育制度改革への提言 上・下	日本教育制度学会編	各二八〇〇円
現代日本の教育課題——二一世紀の方向性を探る	山口満	二八〇〇円
日本の教育経験——途上国の教育開発を考える	村田翼夫編著	三八〇〇円
バイリンガルテキスト現代日本の教育	上田学 編著	三八〇〇円
社会科は「不確実性」で活性化する——未来を開くコミュニケーション型授業の提案	国際協力機構編著	二八〇〇円
君は自分と通話できるケータイを持っているか——ボディエデュケーショナルの思想圏	吉永潤	二四〇〇円
教育の共生体へ——近代アメリカの教育概念史	小西正雄	二〇〇〇円
人格形成概念の誕生——現代の諸課題と学校教育」講義	小西正雄	二四〇〇円
教育文化人間論——知の逍遥／論の越境	田中智志	三六〇〇円
グローバルな学びへ——協同と刷新の教育	田中智志編	三五〇〇円
学びを支える活動へ——存在論の深みから	田中智志編著	二〇〇〇円
社会性概念の構築——アメリカ進歩主義教育の概念史	田中智志	三八〇〇円
アメリカ 間違いがまかり通っている時代——教育の概念史	D・ラヴィッチ著 末藤美津子訳	三八〇〇円
教育による社会的正義の実現——公立学校の企業型改革への批判と解決法（1945-1980）——アメリカの挑戦	D・ラヴィッチ著 末藤美津子訳	五六〇〇円
学校改革抗争の100年——20世紀アメリカ教育史	D・ラヴィッチ著 末藤・宮本・佐藤訳	六四〇〇円

〒113-0023 東京都文京区向丘1-20-6　TEL 03-3818-5521　FAX03-3818-5514　振替 00110-6-37828
Email tk203444@fsinet.or.jp　URL:http://www.toshindo-pub.com/

※定価：表示価格（本体）＋税

東信堂

大学の自己変革とオートノミー ―点検から創造へ	寺﨑昌男	二五〇〇円
大学教育の創造 ―歴史・システム・カリキュラム	寺﨑昌男	二五〇〇円
大学教育の可能性 ―教養教育・評価・実践	寺﨑昌男	二五〇〇円
大学は歴史の思想で変わる ―FD・評価・私学	寺﨑昌男	二八〇〇円
大学改革 その先を読む	寺﨑昌男	一三〇〇円
大学自らの総合力 ―理念とFD そしてSD	寺﨑昌男	二〇〇〇円
大学自らの総合力Ⅱ ―大学再生への構想力	寺﨑昌男	二四〇〇円
アウトカムに基づく大学教育の質保証 ―チューニングとアセスメントにみる世界の動向	深堀聰子 編	三六〇〇円
高等教育質保証の国際比較	杉本和弘・羽田貴史・山本眞一・米澤彰純 編	三六〇〇円
学士課程教育の質保証へむけて ―学生調査と初年次教育からみえてきたもの	山田礼子	三二〇〇円
主体的学び 創刊号	主体的学び研究所編	一八〇〇円
主体的学び 2号	主体的学び研究所編	一六〇〇円
主体的学び 3号	主体的学び研究所編	一六〇〇円
「主体的学び」につなげる評価と学習方法 ―カナダで実践されるICEモデル	Ｓヤング＆Ｒ.ウィルソン著 土持ゲーリー法一監訳	二五〇〇円
ポートフォリオが日本の大学を変える ―ティーチング／ラーニング／アカデミック・ポートフォリオの活用	土持ゲーリー法一	二〇〇〇円
ティーチング・ポートフォリオ ―授業改善の秘訣	土持ゲーリー法一	二五〇〇円
ラーニング・ポートフォリオ ―学習改善の秘訣	土持ゲーリー法一	二四〇〇円
アクティブラーニングと教授学習パラダイムの転換	溝上慎一	二四〇〇円
大学生の学習ダイナミクス ―授業内外のラーニング・ブリッジング	河井亨	四五〇〇円
アカデミック・アドバイジング ―その専門性と実践 日本の大学へのアメリカの示唆	清水栄子	二四〇〇円
「学び」の質を保証するアクティブラーニング ―3年間の全国大学調査から	河合塾編著	二〇〇〇円
「深い学び」につながるアクティブラーニング ―全国大学の学科調査報告とカリキュラム設計の課題	河合塾編著	二八〇〇円
アクティブラーニングでなぜ学生が成長するのか ―経済系・工学系の全国大学調査からみえてきたこと	河合塾編著	二八〇〇円
初年次教育でなぜ学生が成長するのか ―全国大学調査からみえてきたこと	河合塾編著	二八〇〇円

〒113-0023 東京都文京区向丘1-20-6　TEL 03-3818-5521　FAX 03-3818-5514　振替 00110-6-37828
Email tk203444@fsinet.or.jp　URL:http://www.toshindo-pub.com/

※定価：表示価格（本体）＋税

東信堂

転換期を読み解く——潮木守一時評・書評集	潮木守一	二六〇〇円
大学再生への具体像〔第2版〕	潮木守一	二四〇〇円
フンボルト理念の終焉？——現代大学の新次元	潮木守一	二五〇〇円
いくさの響きを聞きながら——横須賀そしてベルリン	潮木守一	二四〇〇円
「大学の死」、そして復活	潮木守一	二八〇〇円
大学教育の思想——学士課程教育のデザイン	絹川正吉	二八〇〇円
国立大学法人の形成	大崎仁	二六〇〇円
国立大学・法人化の行方——自立と格差のはざまで	天野郁夫	三六〇〇円
大学は社会の希望か——大学改革の実態からその先を読む	江原武一	二〇〇〇円
転換期日本の大学改革——アメリカと日本	江原武一	三六〇〇円
大学の管理運営改革——日本の行方と諸外国の動向	江原武一編著	三六〇〇円
新自由主義大学改革——国際機関と各国の動向	杉本均編著	三六〇〇円
新興国家の世界水準大学戦略——アジア・中南米と日本	細井克彦編集代表	三八〇〇円
東京帝国大学の真実	舘昭	—
日本近代大学形成の検証と洞察	舘昭	四六〇〇円
原理・原則を踏まえた大学改革を——場当たり策からの脱却こそグローバル化の条件	舘昭	二〇〇〇円
改めて「大学制度とは何か」を問う	舘昭	一〇〇〇円
原点に立ち返っての大学改革	舘昭	一〇〇〇円
大学の責務	丸山文裕	三八〇〇円
大学の財政と経営	丸山文裕	三三〇〇円
私立大学マネジメント	㈳私立大学連盟編	四二〇〇円
私立大学の経営と拡大・再編——一九八〇年代後半以降の動態	両角亜希子	四七〇〇円
大学事務職員のための高等教育システム論〔新版〕——より良い大学経営専門職となるために	山本眞一	一六〇〇円
高等教育における視学委員制度の研究——認証評価制度のルーツを探る	林透	三八〇〇円
戦後日本産業界の大学教育要求——経済団体の教育言説と現代の教養論	飯吉弘子	五四〇〇円
イギリスの大学——対位線の転移による質的転換	秦由美子	五八〇〇円

〒113-0023　東京都文京区向丘1-20-6　TEL 03-3818-5521　FAX 03-3818-5514　振替 00110-6-37828
Email tk203444@fsinet.or.jp　URL:http://www.toshindo-pub.com/

※定価：表示価格（本体）＋税

東信堂

比較教育学事典	日本比較教育学会編	一二〇〇〇円
比較教育学の地平を拓く	森山肖子編著	四六〇〇円
比較教育学――越境のレッスン	山田肖子編著	三六〇〇円
比較教育学――伝統・挑戦・新しいパラダイム	M・ブレイ編　馬越徹・大塚豊監訳	三八〇〇円
国際教育開発の研究射程――「持続可能な社会」のための比較教育学の最前線	北村友人著	二八〇〇円
国際教育開発の再検討――途上国の基礎教育普及に向けて	小川啓一・西村幹子・北村友人編著	二四〇〇円
発展途上国の保育と国際協力	浜野隆・三輪千明編著	三八〇〇円
トランスナショナル高等教育の国際比較――留学概念の転換	杉本均編著	三六〇〇円
中国教育の文化的基盤	大塚豊遠訳監	二九〇〇円
中国大学入試研究――変貌する国家の人材選抜	大塚豊著	三六〇〇円
中国高等教育試験制度の展開	南部広孝	三二〇〇円
中国高等教育独学試験の展開 ――背景・実現過程・帰結	劉文君	五〇四八円
中国の職業教育拡大政策	王傑	三九〇〇円
現代中国初中等教育の多様化と教育改革	李霞	三六〇〇円
文革後中国基礎教育における教育の視点からみたその軌跡と課題	楠山研	二八〇〇円
「郷土」としての台湾――郷土教育の展開にみるアイデンティティの変容	山﨑直也	四六〇〇円
戦後台湾教育とナショナル・アイデンティティ	林初梅	四〇〇〇円
ドイツ統一・EU統合とグローバリズム――教育における国家原理と市場原理	木戸裕	六〇〇〇円
中央アジアの教育とグローバリズム	斉藤泰雄	三八〇〇円
インドの無認可学校研究――公教育を支える「影の制度」	小原優貴	三二〇〇円
バングラデシュ農村の初等教育制度受容	日下部達哉	三六〇〇円
オーストラリアのグローバル教育の理論と実践	川野辺敏編著	三二〇〇円
開発教育研究の継承と新たな展開	木村裕	三六〇〇円
オーストラリアの教員養成とグローバリズム	本柳とみ子	三六〇〇円
――多様性と公平性の保証に向けて		
[新版]オーストラリア・ニュージーランドの教育――チリ現代教育史に関する研究	青木麻衣子・佐藤博志編著	二〇〇〇円
オーストラリアの言語教育政策――グローバル社会を生き抜く力の育成に向けて	青木麻衣子	三八〇〇円
マレーシア青年期女性の進路形成――多文化主義における"多様性と""統一性"の揺らぎと共存	鴨川明子	四七〇〇円

〒113-0023 東京都文京区向丘1-20-6　TEL 03-3818-5521　FAX 03-3818-5514　振替 00110-6-37828
Email: tk203444@fsinet.or.jp　URL: http://www.toshindo-pub.com/

※定価：表示価格（本体）＋税

東信堂

国際環境条約・資料集	松井・富岡・田中・薬師寺・坂元・高村・西村編集	八六〇〇円
インターネットの銀河系——ネット時代のビジネスと社会	M・カステル／矢澤・小山訳	三六〇〇円
「むつ小川原開発・核燃料サイクル施設問題」研究資料集	舩橋晴俊編	一八〇〇〇円
組織の存立構造論と両義性論——社会学理論の重層的探究	舩橋晴俊	二五〇〇円
社会学の射程——ポストコロニアルな地球市民の社会学へ	庄司興吉	三二〇〇円
社会階層と集団形成の変容——集合行為と「物象化」のメカニズム	丹辺宣彦	六五〇〇円
階級・ジェンダー・再生産——現代資本主義社会の存続メカニズム	橋本健二	三二〇〇円
現代日本の地域分化——センサス等の市町村別集計に見る地域変動のダイナミックス	蓮見音彦	三八〇〇円
人間諸科学の形成と制度化——社会諸科学との比較研究	長谷川幸一	三八〇〇円
観察の政治思想——アーレントと他者	小山花子	二五〇〇円
ハンナ・アレント——共通世界の判断力	中島道男	二四〇〇円
戦後日本の教育構造と力学——「教育」トライアングル神話の悲惨	河野員博	三四〇〇円
ミュージアムと負の記憶——戦争・公害・疾病・災害：人類の負の記憶をどう展示するか	竹沢尚一郎編著	二八〇〇円
食品公害と被害者救済——カネミ油症事件の被害と政策過程	宇田和子	四六〇〇円
福祉政策の理論と実際（改訂版）——福祉社会学研究入門	三重野卓・平岡公一編	二五〇〇円
認知症家族介護を生きる——新しい認知症ケア時代の臨床社会学	井口高志	四二〇〇円
社会福祉における介護時間の研究——タイムスタディ調査の応用	渡邊裕子	五四〇〇円
介護予防支援と福祉コミュニティ	松村直道	二五〇〇円
対人サービスの民営化——行政・営利・非営利の境界線	須田木綿子	三三〇〇円
[改訂版] ボランティア活動の論理——ボランタリズムとサブシステンス	西山志保	三六〇〇円
研究道 学的探求の道案内	平岡公一・武川正吾・山田昌弘・黒田浩一郎監修	二八〇〇円

〒113-0023　東京都文京区向丘1-20-6　TEL 03-3818-5521　FAX 03-3818-5514　振替 00110-6-37828
Email tk203444@fsinet.or.jp　URL:http://www.toshindo-pub.com/

※定価：表示価格（本体）＋税